MW01624668

3800 Carré Bernard
Boisbriand (Québec)
J7H 1L1, Canada

Courriel : info@marisolmichaud.com
Site Web : www.marisolmichaud.com

Graphisme : Catherine Parke
Couvertures : Julie Normandin
Photographe : Maryline Tremblay

Catalogage avant publication de Bibliothèque et Archives nationales du Québec et Bibliothèque et Archives Canada

Titre : T'es pas game / Marisol Michaud.
Noms : Michaud, Marisol, 1981- auteur.
Description : Comprend des références bibliographiques et un index.
Identifiants : Canadiana 20190029250 | ISBN 9782981922908 (couverture souple)
Vedettes-matière : RVM : Changement (Psychologie) | RVM : Actualisation de soi. | RVM : Programmation neurolinguistique.
Classification : LCC BF637.C4 M53 2019 | CDD 158.1—dc23

Publié précédemment par JN Éditions &Co, ISBN 9782924853252

BOOK
1.00
ALW9

T'ES PAS GAME

MICHAUD

À mes filles Abigaël, Mérédith et Madison

Ce livre est écrit au féminin
pour en faciliter sa lecture.
C'est tout.

Bonne lecture.

Avertissement

1. Toutes les anecdotes partagées dans cet ouvrage ont été revampées et les noms ont été changés afin de garder la confidentialité des clientes.

2. Tu deviendras vite accro aux histoires.

Exercice avant ta lecture

Réponds aux questions suivantes avec la première idée qui te vient à l'esprit :

Qui es-tu?

Si tu avais une baguette magique, que changerais-tu immédiatement?

Quels sont les défis qui t'empêchent d'obtenir ce que tu as nommé à la question précédente?

Table des matières sexy

(Ça l'air de rien, mais on a *brainstormé* pour trouver un titre sexy et rien ne nous venait en tête. On a donc décidé de carrément l'appeler table des matières sexy.)

INTRODUCTION

Je me suis posé la question pendant des semaines sur comment amorcer ce livre de façon efficace et remarquable. Remarquable parce qu'il n'y a rien d'ordinaire avec ce livre. Pas même cette introduction. En fait, j'appellerais plutôt cette section une mise en garde. Ce livre, comme tu l'as sûrement déjà remarqué, n'est pas comme les autres. Je sais que c'est ce que tout le monde dit de son propre livre, ou du moins, espère. Mais cette fois-ci, c'est bel et bien vrai. Tu ne me connais peut-être pas encore, mais toutes les pages de ce livre sont écrites avec la seule façon que je connais de mener ma vie : *all-in*.

Comme pour toutes les artistes, écrivaines, chanteuses, comédiennes, etc., la vulnérabilité est nécessaire pour être en mesure de livrer une partie de soi-même et forcément, être jugées. Dans ce livre, tu retrouveras les grandes lignes de ma philosophie de vie depuis que la PNL (Programmation Neuro-Linguistique) en fait partie. Je partage avec toi tout ce que j'ai, tout ce que je suis, comment je pense, comment je fonctionne, comme jamais je ne l'ai fait auparavant. Humblement, le plus possible, parce que je sais que je suis *fucking awesome*... Comment demander de la vulnérabilité aux gens si je ne commence pas par moi-même? Si tu désires que cette lecture t'apporte tout le potentiel dont elle est capable, toi aussi, tu devras aussi sauter à pieds joints dans cette vulnérabilité. En plus de vivre un déversement de prises de conscience, d'anecdotes et de partages de vérité, tu vas y retrouver toute ma couleur, mon humour parfois tranchant et mes prises de conscience des dernières années.

Ça fait déjà plusieurs années maintenant que je nage dans le monde du développement personnel. Bien que cela peut sembler beige à première vue, j'ai décidé d'écrire plus de 65 000 mots là-dessus! Le développement personnel n'est pas sexy à proprement parler, mais pour une personne qui désire se sentir alignée, ça peut le devenir! Dans ce milieu, que ce soit en formation, en conférence ou dans les livres, ce que nous retrouvons la majorité du temps sont des lectures d'histoires inspirantes et des discours de motivation. Et c'est vraiment OK si tu cherches à être motivée! Après avoir lu toutes mes histoires, mes transformations ainsi que celles de mes clientes, il y a de fortes chances que tu le sois. Cependant, quelques semaines après avoir eu un contact avec ce genre de discours de motivation, de retour dans ton train-train quotidien et tes schémas de pensées, il te restera quoi de ces lectures qui sur le coup ont provoqué une tornade en toi? J'vais te l'dire moi c'qui reste! Il reste tes mêmes croyances et patterns limitatifs que tu traînes depuis beaucoup trop longtemps et qui dans ton inconscient, vont continuer à te pourrir la vie et t'autosaboter. Outch, n'est-ce pas? Autosaboteur que j'ai nommé, *THE gremlin*, ce personnage qui en apparence semble tout mignon, tout doux, tout gentil et qui une fois nourri se transforme en véritable monstre! Donc, si tu as envie d'être encore à la même place dans un an, fais comme la majorité des gens, applique des trucs de motivation, mets-les en place deux semaines, trois si t'es vraiment *hot*. Ensuite, comme ça ne changera rien dans ta vie et que tu ne seras pas sortie de ta zone de confort, remets tes bonnes vieilles pantoufles et poursuis ton chemin... OU : si tu veux VRAIMENT du changement, continue ta lecture.

Ici, ça va être différent! En plus d'être motivée à fond, je vais t'aider à changer ton inconscient. Je crois en la transformation spontanée et au changement durable des comportements chez l'être humain, l'ayant moi-même vécu et constaté chez plusieurs centaines de clientes. Et c'est exactement ce que je t'offre!

La question qui reste est : Es-tu vraiment assez *badass* pour passer à travers tout ce que j'ai à te proposer? Parce qu'on va se dire les vraies affaires, si tu n'as pas envie de travailler ta *shit* (ta *bullshit* que je devrais même dire, mais nous sommes des *queen* et nous avons de la classe, c'est ça se dire les vraies affaires), si tu ne comprends pas de quoi je parle quand je dis « avoir envie d'améliorer sa vie », que tu n'as pas le réel désir de faire du ménage, d'avoir de la facilité et du bonheur dans toutes les sphères de ta vie et que tu n'es pas vraiment prête à vivre une vie alignée avec qui tu es vraiment, alors ne lis pas ce livre! Et je te dis ça avec tout l'amour et la bienveillance du monde, en plus de te faire économiser du temps.

Ce n'est pas pour mal faire qu'il existe autant d'outils pour motiver l'être humain, il en a vraiment besoin! Ce qui explique pourquoi les coachs de ce monde, tous domaines confondus, existent! Qui n'atteindrait pas plus facilement ses résultats s'il restait aussi motivé que la journée où il a décidé de se mettre en action?! Tu sais la journée où on se dit, ça y est, à partir d'aujourd'hui, je m'entraîne tous les jours?! Non, non je ne parle pas de moi, je parle d'une fille dont mon amie m'a raconté l'histoire... Qui ne s'est jamais dit ça?!? Toi et moi savons que le matin que nous prenons cette résolution, nous sommes hyper engagées dans notre décision, nous le pensons, nous le vivons, rien ne peut nous arrêter. Et qu'est-ce qui se passe après 24 heures, voire quelques semaines pour certaines? L'objectif est toujours là, du moins, il en reste quelques traces. Tandis que la motivation, elle, a carrément foutu le camp!

Alors, quel est le pourcentage des gens qui arrivent vraiment à atteindre leurs buts? Et comment font-ils?

L'être humain a besoin d'être motivé, on est d'accord là-dessus! Savais-tu que dès notre naissance, nous possédons des programmes dans notre cerveau créés génétiquement et qui nous empêchent carrément de sortir de notre zone de confort? Savais-tu qu'avec des prises de conscience faites de façon optimale, tu crées de nouvelles connexions neuronales qui vont te permettre de penser et d'agir différemment en une fraction de seconde? Je suis en train de te dire que tu PEUX atteindre facilement tes objectifs. Ça existe. Es-tu prête à accepter cette information? Que choisis-tu pour te rendre à destination : une voiture A1 ou une voiture qui peut te lâcher à tout moment?

En lisant ces pages, tu t'apprêtes à faire un *tune up* de toi-même afin de pouvoir te rendre à toutes les destinations de tes rêves sans être surprise par un problème de freins, d'essuie-glaces ou pire encore de moteur! Comment fait-on pour s'assurer que notre voiture va remplir sa mission pour laquelle elle a été créée? On fait de la maintenance tout au long de l'année. Alors comment fais-tu pour être à ton meilleur et t'assurer d'être A1 toute l'année afin de réaliser tous tes rêves les plus fous et de faire en sorte de vivre ta vie alignée avec qui tu es vraiment?

Si tu doutes de ce que je te promets avec ce livre, teste-le! Il n'y a aucune garantie sauf si tu mets en place les actions nécessaires. Si tu acceptes de ramollir tes croyances, d'ouvrir ta carte du monde et de modifier tes perceptions. Si à chaque fois que tu lis tu ressens un petit pincement au cœur, une boule dans le ventre et qu'une hémorragie de pensées disent que ça ne se peut pas ce que tu lis, que ça ne se peut pas une vie comme je vais te la raconter, que ça ne se peut pas une vie comme ça pour toi, eh bien, ça va l'faire!

Et moi, en échange, je te promets d'être honnête et authentique. Je n'embellirai pas les passes de crises d'anxiété, les passes en boule à brailler ma vie et tout ce que ça implique de reprendre le pouvoir sur sa propre existence et de se responsabiliser. Je te promets également de te présenter, de la façon la plus humble possible, tous les racoins de la réalité lors d'une démarche de croissance personnelle. Le côté pas toujours zen que ça demande de gérer son mental au quotidien.

Je me répète, mais c'est important pour moi que tu comprennes que tu viens d'ouvrir une boîte de Pandore! Travailler sur soi est un éternel cheminement afin de devenir la meilleure version de soi-même, oui, mais surtout de découvrir qui on est vraiment et qu'est-ce qui nous appartient dans tout ce ramassis de croyances et de pensées! T'es encore là?

Entreprendre de travailler sur soi apporte son lot de découragement et le sentiment qu'on a reculé plutôt que d'avancer. Et je t'annonce, en plus (sérieux je ne fais rien pour t'encourager à passer à travers mon livre) que plus on chemine, plus ça demande d'être malléable et de remettre en question tout ce qui nous définit. Ça implique de faire des mises à jour de façon constante, comme sur ton auto!

Si tu es toujours avec moi à la fin du livre, eh bien je te garantis du changement, du changement dès les premiers chapitres. Parce que je ne mettrai pas de gants blancs, ça va fesser dans le *dash*! Donc, encore une fois, si tu n'es pas prête, épargne du temps de qualité et donne mon livre à ta meilleure amie! Car tu vas apprendre plus loin que lorsque l'on change, ça change tout le monde dans notre entourage. En fait, tu ressentiras des effets bénéfiques par la bande de ses changements à elle. Oui ça m'arrive d'avoir l'option machiavélique pas trop loin derrière la sainte idée!

Évidemment, comme tu l'as déjà sûrement remarqué dans ton entourage, il existe différents niveaux de conscience, différentes étapes dans le processus du travail sur soi. Que tu en sois à ton premier livre de brassage de *mindset* ou ton vingtième, tu obtiendras exactement ce dont tu as besoin en ce moment. J'ai plusieurs clientes qui me disent qu'avoir su elles seraient venues me voir avant. Je crois sincèrement que tout a une raison d'être, que les résultats que nous avons obtenus ensemble n'auraient pas été les mêmes si elles n'avaient pas au préalable passé par où elles sont passées. D'un autre côté, peut-être que oui. On ne le saura jamais en fait. L'important, c'est de garder le focus sur toi, sur comment tu te sens, ici et maintenant.

Si tu connais un peu le domaine du développement personnel et du coaching, tu vas voir que j'utilise principalement des outils de la PNL, dont certains, que j'ai moi-même développés. J'y inclus également tout ce que j'ai découvert ces dernières années, ce qui me permet de faire vivre des transformations spontanées et des changements durables chez l'être humain, entre autres, l'EFT, *l'Access consciousness*, l'hypnose, la méditation, la thérapie d'impact, le reiki, le Brain gym et j'en passe!

L'idée pour moi, c'est que oui j'ai choisi la PNL pour faire une différence dans la vie des gens, mais je pense que trouver l'approche qui nous parle et à laquelle on croit c'est vraiment ça le plus important! Savais-tu qu'il y a une étude médicale qui a démontré qu'une centaine de personnes ayant été diagnostiquées avec un cancer en phase terminale de plusieurs types ont finalement été considérées en rémission complète (minimum 10 ans sans aucun symptôme). Lorsqu'on les a questionnées afin de savoir ce qui leur avait permis de guérir, elles avaient toutes des méthodes très différentes en passant par l'alimentation, à des méthodes plus ésotériques ou à ne rien faire. La seule chose qu'elles avaient en commun, c'est qu'elles croyaient fermement que ce qu'elles avaient choisi de faire allait les guérir. On dit toujours que la force du mental change tout, mais WTF! Nos croyances ont le pouvoir de guérir ou non d'un diagnostic de cancer en phase terminale... En tout cas... J'te laisse mijoter un peu là-dessus avant d'y revenir un peu plus loin.

Est-ce que c'est maintenant qu'on fonce ou quoi?

CHAPITRE UN

Ma promesse

Voici ce qu'il va t'arriver si tu mets en application quelques trucs parmi la panoplie que je m'apprête à te donner. Chaque fois que tu sens que ça résiste dans tes valeurs et tes croyances, donne-toi du lousse. Se donner du lousse signifie que tu te fous la paix deux minutes, tu penses à autre chose et tu tolères un peu l'inconfort afin de subir la magie :

1. Te sentir libérée d'une tonne de trucs que tu traînes depuis beaucoup trop longtemps;

2. Arrêter de te sentir coupable pour tout;

3. Arrêter d'être aussi exigeante envers toi-même;

4. Te donner du lousse;

5. Obtenir tout ce que tu veux de la vie.

Mon dernier point fait « pensée magique » à souhait, je sais, mais c'est là que tu te trompes. Tu vas ouvrir ton monde de croyances, qui définit en passant qui tu es (ou qui tu penses être), tu feras une multitude de prises de conscience, ce qui va modifier tes attitudes, tes comportements et surtout tes perceptions de la réalité ou de ce qu'elle a déjà supposément été.

Maintenant que la mise en garde sur ce qui t'attend est faite, je t'annonce qu'il est déjà trop tard pour reculer. Tout ce que tu viens de lire depuis le début du chapitre a déjà enclenché, sans que tu t'en aperçoives, de nouvelles connexions neuronales dans ton inconscient qui vont déjà influencer la perception que tu avais de ta réalité. *Really*, tu te dis? *Yeah right!* Oui, aussi simple et facile que ça. Tu n'as pas trop souffert de travailler ta *shit* jusqu'à maintenant? Parce qu'on continue...

Voici maintenant quelques petites choses importantes que je tiens à te partager sur moi et sur quelques-unes de mes croyances afin de te permettre de pousser encore plus ton expérience personnelle transcendantale, cosmique, planétaire, rien de moins! Ne t'inquiète pas, tout va bien aller.

Premièrement, explication de « on est à la bonne place ». Au moment où tu vas lire cette expression, cela signifie que lorsque tu vis une période de confusion suite à la lecture d'une phrase, que tu ne comprends plus rien, que tu n'arrives pas à trouver le sens et que tu fais une face de chevreuil sur l'autoroute (oui, celle où tu restes figée les yeux écarquillés sans comprendre ce qui t'arrive ou qui vient de se passer), c'est qu'on est à la bonne place pour changer la façon dont ton cerveau fonctionne et, par le fait même, changer ta vie.

Ensuite, sache qu'un autre de mes objectifs, c'est de te dire que ce n'est pas parce que tu as déjà tout dans ta vie, un emploi que t'aimes, un conjoint de rêve, des enfants parfaits, la santé, etc., que tu ne peux pas avoir le droit de vouloir être heureuse en plus et de te sentir hyper bien en dedans. Ce que tu vas vite comprendre avec moi, c'est que je crois fermement que la vie est infinie, que nous sommes des êtres infinis et que nous pouvons avoir de l'abondance dans toutes les sphères de notre vie. Tu as bien lu. Infini de chez infini! Les croyances telles que : *J'aime mieux avoir moins d'argent et être en santé, qu'être riche et être hyper fatiguée, on ne peut pas tout avoir dans la vie, il veut le beurre et l'argent du beurre*, c'est qu'il est incapable de se contenter de ce qu'il a et de l'apprécier ne font pas partie de moi. Qui a dit qu'on ne pouvait pas tout avoir?

Je suis certaine que lorsque tu lis cette dernière question, que tu prends le temps de bien y penser, un nom va *popper* dans ta tête. Tu sais très bien d'où ces expressions proviennent. Ici, je généralise comme si tout le monde croyait en ça, mais par expérience, c'est une majorité d'entre nous qui avons à faire une mise à jour à ce niveau.

Retraites VIP

Prenons un exemple qui s'est produit lors d'une de mes retraites VIP. Le concept de mes retraites se passe toujours dans des lieux paradisiaques. Nous sommes complètement perdues, seules au monde en forêt ou encore sur le bord d'un lac, en petits groupes de femmes pour vivre un 48 h comme jamais elles ne l'ont vécu auparavant. Elles ont beau me connaître et connaître ce que je fais et comment je travaille, lors de ces VIP nous allons dans des racoins insoupçonnés de leur personnalité et de leur vécu. Dit comme ça, je réalise que c'est soit que les participantes n'ont aucune idée dans quoi elles s'embarquent et sont vraiment naïves, soit elles sont vraiment courageuses ou encore elles sont tout simplement folles! Nous sommes donc perdues dans le bois, avec comme seuls sons, le bruit que les feuilles font quand elles sont bardassées par le vent. Tu vois le genre?

Les participantes doivent faire, entre autres, un exercice qui travaille leur capacité à recevoir. Je t'annonce qu'on a beau faire toutes les belles demandes du monde à l'univers et mettre toutes les actions qu'il faut en place, si tu n'es pas capable de recevoir, si tu n'es pas prête à recevoir, tu ne recevras que des miettes de ce qui en réalité pourrait t'arriver comme tsunami d'abondance. C'est bête dit de même, mais c'est ça. Je ne parle pas de recevoir une pointe de pizza parce que t'as aidé une amie à déménager, mais plutôt d'un échange pour service rendu. Je te parle d'une façon de recevoir où on ne dit même pas merci en retour et qu'on prend, tout simplement. Prendre, tout simplement. C'est possible que cette dernière phrase te fasse faire une face de chevreuil. Ne pas dire merci en retour de recevoir quelque chose : sacrilège! Tant mieux si c'est le cas, ça signifie qu'il y a déjà quelque chose de différent qui est en train de se passer en toi.

Donc, les participantes terminent leur exercice et l'une d'entre elles, une avocate prolifique, nous partage qu'elle n'a pas été capable de le faire, car elle se sentait coupable de recevoir plus que ce qu'elle reçoit déjà de la vie : « J :'aime mon apparence. J'ai un chum qui est fin avec moi et des enfants en santé. Je n'ai vraiment pas de soucis financiers. J'ai un travail que j'aime. Donc, pourquoi je recevrais encore plus de la vie? Je ne peux pas, ça serait vraiment trop! » Évidemment, moi, de lui répondre : « Et pourquoi pas? »

Si cette femme est avec moi dans cette retraite à ce moment-là, c'est qu'il y a quelque chose qui pourrait être mieux ou des aspects en elle dont elle voudrait bien se défaire. *Right*? Pourquoi, en plus de tout ce qu'elle a, elle n'aurait pas le droit de ressentir un sentiment de bien-être intérieur quotidiennement? Pourquoi elle n'aurait pas le droit de goûter à la joie de vivre continuellement, en plus de tout ce qu'elle a? Le fait qu'elle ait étudié en droit, qu'elle soit en couple, qu'elle ait des enfants justifieraient qu'elle ne puisse pas se sentir bien intérieurement en plus? Non, mais, ça serait vraiment le bout du bout qu'elle soit heureuse tout le temps, en plus d'avoir tout ça! Ça serait vraiment la cerise sur le sundae! À cause de l'abondance dans toutes les autres sphères de sa vie, elle mérite de *rusher* mentalement et de ressentir un mal-être intense? Ça ne fait vraiment aucun sens pour moi! Commences-tu à saisir le propos de recevoir?

Si en lisant ces dernières lignes tu as eu des pensées comme :

— *Oh my god*, la fille est avocate, fait *full cash*, est en couple et a des enfants en plus, mais de quessé qu'elle se plaint?

Je t'annonce que ces pensées parlent plus de toi que de l'avocate ou même de la fille la plus riche et en santé du monde. Ces pensées représentent tes limites actuelles. Elles représentent ce que tu pourrais vouloir, ce à quoi tu pourrais aspirer et que tu n'oses pas, soit par blocage de tes croyances, par manque de confiance, par peur d'être déçue, par peur tout court. Si tu trouves que j'exagère, tu n'es pas la seule. Des tonnes et des tonnes de fois, je dirais même 99 % des femmes que j'ai côtoyées dans ma vie, ont pensé comme toi. Le conseil que je peux déjà te donner à ce stade-ci, c'est que dans la vie, on veut monter vers le haut, on veut travailler à être et offrir la meilleure version de soi-même, pas l'inverse. Alors, permets-toi de remettre en question tout ce en quoi tu crois au moment où tu lis ces lignes. Offre-toi ce cadeau. Je choisis bien le mot cadeau puisque de l'autre côté de nos croyances et de nos jugements, se cachent la liberté et la légèreté. À la seconde où tu te permets ce cadeau face aux autres, tu te l'offres également à toi-même. Je te rassure, ce ne sont pas toutes tes croyances qui te limitent en ce moment, mais vivons *all-in* et dangereusement et mettons tout dans le blender du changement, veux-tu?

De plus, je n'ai jamais entendu quelqu'un me dire : « Dans la vie j'essaie de faire suer un maximum de gens, comme ça j'ai vraiment l'impression de me sentir en vie et épanoui. » Jamais. Même de la part des gens qui font vraiment suer le monde! Ne perds pas d'énergie à être jalouse de la voisine, car ce temps et cette énergie-là disparaissent à jamais. Reste focus sur toi, sur ta propre progression. J'te partage cet avertissement-là. Comme ça. Juste au cas. Mais je sais très bien que tu ne serais jamais jalouse d'une autre femme, de son succès et de sa réussite, parce que c'est sûr que tu n'es pas comme ça, tu es ma lectrice après tout! Déjà, tu es qualifiée d'humaine exceptionnelle!

Connais-tu le Réseau des Mères en Affaires? Un réseau, créé au Québec par Christine Marcotte, où les mères qui ont décidé de se lancer en affaires se rencontrent tous les mois afin de parler de leurs entreprises respectives. Puisque je suis partenaire de ce réseau, les femmes qui prennent un abonnement pour devenir membres ont droit à une consultation gratuite avec moi. Quand elles prennent leur rendez-vous, parfois ce n'est pas parce qu'elles vivent une réelle problématique ou me connaissent, mais parce qu'elles ont mes services dans leur abonnement. Alors, il arrive parfois que lors du jour J, quand je leur demande ce que je peux faire pour elles, elles ne le savent pas. Je leur demande s'il y a quelque chose qui cloche dans leur vie, une problématique en particulier que je pourrais les aider à régler et elles me répondent que tout va bien. Elles ont entendu dire que c'était *hot* ce que je fais, mais n'ont aucune idée de ce que je peux faire pour elles. Ouais, me semble que tu viens consulter une coach et que tu ne veux rien améliorer dans ta vie!

Ton inconscient me dit que tu n'as pas réservé cette rencontre juste pour le plaisir et qu'il y a une partie de toi qui a envie de recevoir plus!

Et il y a aussi les femmes qui me disent qu'elles sont OK, quand en fait, elles se satisfont de ce qu'elles ont. Je le sais, car lorsque je leur pose THE question, ça donne ceci : Si tu avais une baguette magique, qu'est-ce que tu souhaiterais?

Tout à coup, une panoplie d'idées se présentent dans leur tête comme des grains de *pop-corn*! Comme si le fait d'éliminer toutes les limites et d'avoir recours à la magie leur permet de demander plus. Tout juste avant, elles n'avaient aucune raison de se plaindre.

Alors, je te le demande en te regardant dans le blanc des yeux, es-tu vraiment ouverte et surtout prête à vivre de l'abondance dans toutes les sphères de ta vie?

Pour ma part, pour te faire une histoire courte, j'ai suivi toute ma vie le chemin déjà tracé par la société, celui qu'il « faut » suivre en quelque sorte. Celui qui dit que l'on doit aller à l'école et se trouver une bonne job. Tu sais ce fameux chemin qui nous vend l'idée de se trouver un conjoint, de se marier, d'avoir des enfants et de s'acheter une maison du genre « Ils vécurent heureux très très longtemps. » J'ai emprunté ce chemin. J'ai survécu à ce chemin. Je dis survécu, car sur cette route j'ai rencontré la dépression. En fait, elle avait déjà créé son nid depuis plusieurs mois jusqu'à ce que quelqu'un me serve de miroir et me reflète que j'étais déjà en plein d'dans. Comme Samantha dans le film *Sex and the City* lorsque Carrie, Charlotte et Miranda lui font réaliser qu'elle n'est plus amoureuse de Smith. *Sorry* pour la référence *girly* à souhait, mais derrière mon p'tit côté alternatif que j'adore, j'ai plus d'une corde à mon arc!

Un beau jour, je me pointe dans le bureau de la coach avec mon ex-conjoint, loin de moi l'idée d'aller consulter. Nous sommes dans son bureau ce matin-là, car l'une de nos filles s'arrachait les cheveux de la tête depuis plus d'un an. Plus aucun cheveu sur le coco. La coach débute la séance en nous posant *THE question* :

— Comment allez-vous?

Nous allons bien. Pour vrai! Dans le brouhaha du quotidien dans lequel nous sommes pris, nous allons bien. Deux enfants en bas de deux ans. Crises de bacon. Pas de nuits de sommeil complètes depuis plus de six mois. Chicanes de couple par-dessus chicanes de couple à propos de sujets les plus insignifiants les uns que les autres. Ça va bien. Pour vrai! Et la coach de renchérir :

— Vous deux, le couple, comment ça va?

Bruit de criquet dans la pièce. Quel couple? Nous n'avons plus le temps pour ça. La vérité, c'est que nous n'avons pas pris du temps en amoureux depuis un bon moment déjà. Constat de cette rencontre : je suis en dépression majeure depuis on ne sait pas quand. Mon conjoint est en burn out. Ça ne va vraiment pas bien.

Ce qui fait que j'écris ce livre aujourd'hui, c'est qu'après cette première rencontre en PNL, ma fille ne s'est plus jamais arrachée les cheveux. Plus jamais. Dans mon chemin tout tracé, j'ai fait une maîtrise en biochimie. Quand j'ai vu l'effet que notre rencontre a eu sur le comportement de ma fille, j'ai voulu comprendre comment tout ça fonctionnait. Mon côté scientifique a pris le dessus.

Après être sortie de ma dépression (processus qui a duré quelques mois à peine, sans médication, en consultant toutes les semaines en PNL seulement), j'ai suivi toute la formation PNL. En 2016, j'ai démissionné de mon poste d'enseignante au cégep en chimie pour devenir mon propre patron en créant mon empire en coaching PNL. Depuis, des milliers de femmes ont vu leur vie se transformer complètement. Mon programme PNL est traduit et offert dans la francophonie mondiale et en anglais dans plus de 46 pays. Et même après tout ça, c'est-à-dire être passée de biochimiste à entrepreneure, être passée à travers un mariage malheureux, avoir appris à complètement me respecter dans mes relations, avoir augmenté 25 fois plus mes revenus en huit mois, je te confie que je consulte encore ma coach perso qui me permet de pousser encore plus loin les limites de ce que je crois possible pour moi. Frissons?

De croire que tous ces changements ont été réalisés à partir de la transformation de mes croyances seulement. De savoir que peu importe qui nous sommes, peu importe d'où l'on vient, nous avons tous le potentiel de changer et de créer une vie qui dépasse nos espérances, c'est ce qui m'anime maintenant chaque matin!

Afin de débuter cette quête que tu ne soupçonnais peut-être même pas en achetant ce livre, je te propose un premier exercice : la roue de la vie. En passant, si tu as déjà fait les différents exercices que je vais te partager tout au long de ce livre, ne te gêne surtout pas de les refaire encore dans quelques mois et dans quelques années. Car déjà demain, tu seras la version de demain de toi-même et non d'aujourd'hui. Tu évolues, tu grandis, tu chemines. Alors, permets-toi de faire une actualisation de qui tu es en ce moment et de te donner le bénéfice du doute que tu vas sûrement encore comprendre et réaliser de nouvelles prises de conscience et de façons de voir les choses.

Exercice :La Roue de la vie

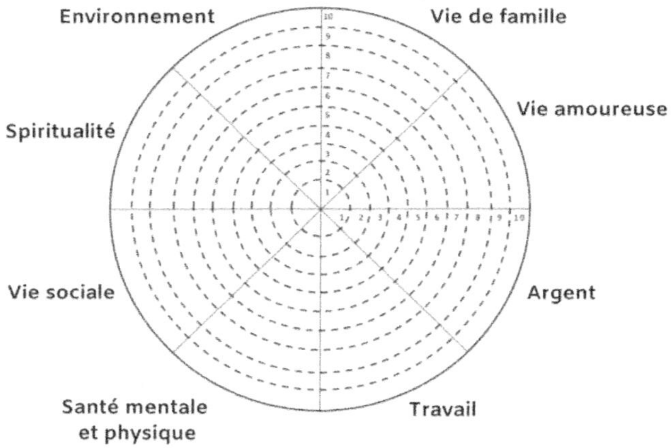

Dessine un cercle séparé en huit parts égales et nomme chacune des pointes avec les thèmes suivants : environnement, vie de famille, vie amoureuse, argent, travail, santé mentale et physique, vie sociale et spiritualité. Si tu n'es pas une habituée de cette roue, voici ma définition de chacune des parties :

L'environnement. Ce thème représente le lieu où tu vis, le lieu que tu considères comme chez toi. Tu t'y sens bien? En sécurité? Sens-tu que tu peux être vraiment toi-même dans cet endroit?

La vie de famille. Tiens compte de la dynamique que tu vis en ce moment autant avec tes enfants qu'avec tes parents, tes frères et sœurs, ta belle-mère, etc. Comment ça se passe? Vis-tu des conflits en ce moment avec l'une de ces personnes?

La vie amoureuse. Celle-ci englobe tout ce qui se passe dans ce domaine, que tu sois en couple ou non. Es-tu heureuse dans ta relation? Es-tu heureuse d'être célibataire, si tel est le cas, ou est-ce que cette partie de ta vie te gruge d'énormes quantités d'énergie?

L'argent. Ah le fameux cash! Si tu savais le nombre de croyances limitatives que j'ai dû actualiser et que j'entends au quotidien chez mes clientes concernant l'argent, tu capoterais! Vis-tu un certain stress financier en ce moment? Travailles-tu à devenir encore plus autonome financièrement? Vis-tu de l'abondance à ce niveau?

Le travail. Ta vie professionnelle, comment va-t-elle? Es-tu épanouie dans ce que tu accomplis chaque jour? Sens-tu que tu es à ta place? Est-ce que tu te sens bien dans ton milieu de travail?

La santé. Il est aussi important de considérer le côté physique que le côté mental. J'pense que pour ta santé physique, je n'ai pas besoin de te faire un dessin. Tu sais très bien si tu es en pleine forme ces temps-ci ou non. Et en ce qui concerne ta santé mentale, comment vas-tu? As-tu des choses mises en place afin de t'assurer d'aller bien à ce niveau? Arrives-tu à ne pas laisser du pouvoir à tout ce qui t'entoure sur tes pensées? Arrives-tu à te débarrasser de toutes tes pensées qui te pourrissent l'existence?

La vie sociale. Pourrais-tu dire en ce moment que tu es entourée de gens extraordinaires qui te voient telle que tu es et qui t'apprécient à ta juste valeur? Es-tu entourée de gens qui te tirent vers le haut, comme on dit? Des gens qui te permettent d'être toi-même et qui t'inspirent à grandir?

La spiritualité. Il s'agit de regarder, d'évaluer comment tu te sens en lien avec quelque chose de plus grand que toi, avec l'univers, avec ce que tu veux. Comment entrevois-tu le fait que tu sois un être humain parmi tant d'autres sur cette planète? Comment *deal*-tu avec ton âme? Comment va ta quête de sens dans cette réalité d'être humain? Si ces dernières questions ne résonnent pas tant que ça en toi, pas de problème. Tout est OK, tu verras...

Ensuite, tu prends le temps d'évaluer chacun des thèmes de 1 à 10 selon comment tu les vis en ce moment (1 étant ça va vraiment mal, 10 étant, c'est vraiment ça coche). Cet exercice va te permettre de prendre du recul et de réaliser où se trouve le nerf de la guerre dans ta vie en ce moment afin d'enclencher l'effet domino. Ton premier changement va enclencher une série de changements sans que tu n'aies rien fait d'autre. Cet exercice va également te permettre de prendre un *big picture* de ce que tu ressens en ce moment afin de pouvoir comparer ton ressenti avec celui que tu auras à la fin de ce livre et ainsi en observer l'évolution.

Si par exemple, tu te donnes 6-7/10 dans la majorité des sphères de ta vie, mais que dans ta vie sociale tu as mis 3/10. Même si tu vis du stress financier ou que tes enfants sont plus que désorganisés en ce moment, tu commences à instaurer du changement dans ta vie sociale. Comme tu le verras en détail un peu plus loin, tout est interrelié. Ce changement va nécessairement influencer toutes tes autres sphères. Choisis trois actions que tu vas mettre à l'horaire dès maintenant afin d'obtenir du changement dans ta catégorie ayant la note la plus basse et voyons ce que ça va donner.

CHAPITRE DEUX

Le père Noël

« Il faut travailler fort pour réussir dans la vie. Il faut travailler fort pour mériter ce qu'on a. Il faut aller à l'école pour avoir une bonne job. C'est *tough* de se partir en affaires donc c'est normal d'avoir les genoux écorchés pendant cinq ans avant que ça décolle. C'est sûr que c'est facile pour lui, son père était là avant. »

Qu'est-ce que ça te fait de lire ça? Et si j'en rajoutais un peu?

« Un gars, ça ne pleure pas. Une fille avec un caractère fort ce n'est pas beau. On ne fait pas ça devant les gens. Arrête de crier les voisins vont t'entendre. »

Toutes ces croyances sont fausses. Tout ce en quoi tu crois, tout ce sur quoi ton monde est construit provient de tes parents. Et tout ce en quoi croient ou croyaient tes parents provient/provenait de leurs parents, donc de tes grands-parents qui eux aussi ont appris de leurs propres parents et ainsi de suite. Ce ne sont que des pensées et des croyances qui se sont transmises de génération en génération sans jamais avoir été actualisées. *What the fuck,* hein?

J'ai même déjà lu que le fait que la connexion à nos émotions ne fasse pas partie de notre éducation en Amérique du Nord provenait des premiers colons qui eux n'avaient vraiment pas le temps de prioriser leurs émotions. Tsé quand ta vie est en jeu et que ta principale préoccupation c'est de tout faire pour rester en vie, prendre du temps pour faire de l'introspection ça ne fait pas vraiment partie des priorités. Mais aujourd'hui, la réalité est tout autre, *right*? Les relations humaines et la communication font partie intégrante de notre quotidien et s'élever en conscience fait aussi partie d'où nous sommes rendus comme être humain dans notre évolution.

Sommes-nous d'accord qu'une mise à jour de nos croyances est plus que due?

Comme tout le reste, nos croyances existent pour une raison. Elles sont là pour prendre soin de nos doutes et définir notre réalité à laquelle on peut se fier, se construire et avancer dans notre vie. De plus, pour la majorité d'entre elles, elles nous ont été léguées lorsqu'on avait entre 0 et 8 ans, quand notre conscient n'avait pas fini de se développer et ne pouvait pas faire sa job de filtrer ce qui *fittait* ou pas avec notre personnalité. Si nos parents ont été capables de nous faire croire qu'un gros monsieur habillé en rouge passait par une cheminée pour venir nous porter des cadeaux, est-ce qu'on s'entend pour dire qu'on a cru tout ce qu'on a vu, entendu et vécu dans notre enfance? Nous avons acheté toutes ces croyances et ces schémas de pensée pas chers pas chers, lorsqu'on était enfant et maintenant ce sont devenues des croyances qui valent un million de dollars que nous sommes prêtes à défendre comme si notre vie en dépendait!

Par exemple, je prends une croyance au hasard (*#not)*, tu crois que si tu fais dormir tes enfants avec toi, ils vont devenir dépendants et tu vas devoir gérer des tonnes de crises et en faire des enfants rois qui auront toujours le dernier mot. Ils ne comprendront pas que leur job d'enfants c'est de dormir dans leur lit et que ce sont les adultes qui décident. Détrompe-toi, je crois au respect. Je crois qu'il est important de démontrer par l'exemple à nos enfants que nous sommes plusieurs à vivre ensemble sur cette planète et que si chacun faisait comme bon lui semble, ça serait l'anarchie. Mais si tu as envie de réconforter ton enfant en dormant avec lui? Si toi, dans tes valeurs, ça fait partie des souvenirs que tu as envie de créer? Est-ce que de savoir qui a raison entre ceux qui pensent que dormir avec leurs enfants en font des êtres dépendants et *demandants* ou ceux qui croient qu'il est important que les enfants comprennent que les parents ont leur espace et les enfants ont leur espace, est réellement important? Non. Ce qui est important, c'est que TU saches ce qui est important pour toi et que tu t'organises pour faire les actions qui font du sens avec le parent que tu as envie d'être. *That's it*.

Lors de l'une de mes fameuses retraites, que veux-tu j'aime ça travailler dans des chalets sur le bord d'un feu et dans un spa, une de mes clientes nous raconte que lorsqu'elle était petite, elle avait déjà un surplus de poids. Un jour, en marchant dans la rue avec sa mère, elle lui pointe une jeune fille mince de l'autre côté de la rue en lui chuchotant : « Regarde maman comme elle est belle. » Et sa mère de lui répondre : «Oui, mais au moins toi ma chérie, tu es intelligente.» Je ne sais pas si tu vois le genre de distorsion que cela a pu causer dans la tête de ma cliente lorsqu'elle avait à peine 10 ans. Toute sa vie, elle s'est dit qu'elle était peut-être grosse, mais au moins elle était intelligente. Et cela l'a même amenée à penser que toutes les femmes belles qui réussissaient en affaires, c'était seulement à cause de leur physique et rien d'autre! Est-ce que tu imagines comment il était pratiquement impossible pour elle de perdre du poids? Toute l'énergie qu'elle y mettait finissait en autosabotage lorsqu'elle arrivait à perdre quelques livres. Ensuite, elle regagnait presque le double du poids perdu. Pourquoi? Si elle avait vraiment perdu du poids, elle se serait trouvée niaiseuse. Évidemment, tout ça de façon inconsciente. Stupéfiant, n'est-ce pas? L'idée ici ce n'est pas de partir en peur, de penser que tout ce en quoi tu as cru depuis toujours n'était qu'un ramassis de mensonges. L'objectif est vraiment de t'amener à prendre conscience que certaines de tes croyances te pourrissent probablement la vie en ce moment et je pense qu'il est maintenant venu le temps d'y mettre un terme.

Si tu as été *game* d'apporter mon livre chez toi, et que tu le lis en ce moment : 1. Tu as fait preuve de courage. 2. Je crois qu'assurément tu *rush* avec quelque chose dans ta vie. Et je mettrais même ma main au feu que c'est justement parce que tu as essayé de reproduire ce qu'on t'a inculqué et que tu as vraiment essayé tout ce que tu pouvais pour cadrer dans ce que l'on t'avait donné, dans cette transmission de croyances générationnelles. Je t'annonce qu'il y a de fortes chances que ton *rush* provient du fait que ce lègue ne fonctionne pas pour toi. Et cela n'a rien à voir avec le fait que tes parents aient été de bons parents ou non. De toute façon, nous ne sommes pas là pour juger, mais bien pour reprendre du pouvoir sur notre vie et nous responsabiliser. Rejeter la faute de ce qui nous arrive et de ce que nous avons vécu sur qui ou quoi que ce soit, c'est de lui laisser encore trop de pouvoir.

Tu utilises les stratégies que tu as apprises toute ta vie et qui proviennent majoritairement de ton environnement pendant ton enfance. Tu as beau vouloir, souvent de façon inconsciente, reproduire leur façon de faire, les honorer et leur être loyale, mais ça ne fonctionne pas. Tellement pas que tu t'en rends malade ou presque. Tu t'épuises, tu cherches le bonheur, tu cherches un sens à tout ce que tu vis et puis niet, nada, rien. Donc, la question qui me brûle les lèvres en ce moment est : es-tu prête à vivre cette vie qui t'appartient, libre de toutes chaînes et de toutes attaches?

Et quand je dis libre, je dis vraiment libre! Penses-tu que parmi tes croyances, il y en a des aidantes et d'autres limitatives?

Et si je te disais qu'elles sont pratiquement toutes limitatives?! Même celles que tu qualifies d'aidantes? OK, je sais, je sais, je t'ai dit le contraire juste un peu plus haut, je ne voulais pas t'effrayer, mais lis-moi jusqu'au bout.

Tu te dis probablement : « OK, mais qu'est-ce qu'il reste si tout ce en quoi je crois me limite en fin de compte? Comment je fais pour savoir si c'est une bonne croyance ou non? » Les croyances servent à construire le monde, et donc, la réalité dans laquelle nous évoluons. Nous croyons en certaines choses que nous pensons vraies hors de tout doute, que nous ne remettons pas en question, ce qui fait qu'on peut avancer et mettre le focus sur autre chose. Ces croyances nous aident pendant un certain moment. Mais vient un temps où ce en quoi tu croyais il y a 20 ans, sans t'en rendre compte, ne fait plus aucun sens avec qui tu es et qui tu tends à devenir. Elles te confrontent au quotidien à vivre une réalité dont tu mets tant d'efforts à te défaire. D'où l'importance, de temps en temps, de faire une mise à jour de toutes tes pensées! N'oublie jamais que nos pensées créent notre réalité.

Par exemple, lorsque j'étais en relation avec le père de mes enfants, je croyais que tout devait être fait de façon égale dans le couple. Tu sais le *deal* « Je fais ça en échange de ça. », qui se transforme rapidement quand tu as des enfants en « Je fais ça si tu fais ça. » J'étais continuellement dans la déception, car j'avais évidemment l'impression que j'en faisais toujours plus que lui. Peu importe si c'était vrai ou pas, il n'y a pas de manière d'être objective lorsque tu es complètement impliquée émotionnellement dans une situation. La seule chose qui était vraie, c'est que c'était ce que je ressentais. Mon attention était complètement dirigée, voire en distorsion, dans une comptabilité qui faisait plus que l'autre. Tu sais, ce qu'il y a d'encore plus pernicieux avec les croyances, c'est qu'elles définissent tellement ta réalité que ton cerveau va aller jusqu'à chercher ce qui va les confirmer.

Voici un autre exemple : tu as déjà eu un conjoint qui t'a trompée et à ce moment-là tu as acheté la croyance que tous les hommes trompent leur femme. Aucun jugement encore une fois sur le fait de tromper. Ce n'est qu'un point de vue intéressant de penser si oui ou non c'est quelque chose qui se fait ou pas. Tu te lances dans une nouvelle relation et tu te mets à vérifier les textos de ton chum ainsi que ses allées et venues. Tu ne veux surtout pas souffrir et te retrouver, encore une fois, le dindon de la farce. Tu analyses tous ses faits et gestes, tu le testes sur ses dires, etc. À un moment donné, tu découvres un message où il donne des becs à une amie. Cela sera plus soulageant de trouver ce message que de ne rien trouver. Enfin, tu vas pouvoir confirmer ta croyance et te dire : « J'le savais! J'avais raison de me méfier et de ne pas lui faire confiance! » C'est plus soulageant de confirmer une croyance qui nous pourrit la vie que de réaliser qu'on avait tort. Tu imagines tout ce que cela signifie? Je ne sais pas si tu es comme moi, mais même en le sachant depuis déjà un bon moment, que le cerveau humain fonctionne comme ça, même en ayant fait plusieurs mises à jour, je ne peux m'empêcher de voir défiler le film de ma vie dans ma tête afin d'observer à quel point toutes mes croyances actuelles sont en train d'avoir une influence sur ce que je vis. Tu réalises certainement en lisant ces lignes, que si tu te promènes en ce moment avec un tel bagage, c'est-à-dire de penser que tous les hommes sont des menteurs, il y a peu de chance que tu vives une relation épanouissante. Se protéger, car on a été blessée, signifie également se protéger du beau qui pourrait nous arriver. On se protège de tout en faisant ça! D'autant plus que de vivre de cette façon, c'est carrément de vivre comme une ombre dans sa propre vie.

Revenons à mon exemple. J'étais en relation avec mon mari et je ruminais tout ce que je vivais à cause de cette super croyance où tout, entre deux conjoints, se doit d'être fait également. Jusqu'au jour où j'ai transformé cette croyance. Elle est devenue : « Ce n'est pas parce que ce n'est pas égal que ce n'est pas équitable. » Plus précisément, ce n'est pas parce que je fais les soupers et que je m'occupe des enfants que lorsque tu fais le gazon une fois par semaine ce n'est pas équitable. Ce n'est pas ainsi que ça fonctionne. Tout n'est pas une compétition où on note des scores. On analysera ce fait plus en détail plus loin. Grâce à ce changement de perception, j'ai enfin pu reconnaître tout ce que mon conjoint faisait pour notre famille, en plus de diminuer mes attentes envers lui et comme par magie, il s'est mis à s'impliquer davantage.

Une autre de ces croyances qui entrent sournoisement dans notre tête et qui, sans qu'on s'en rende compte, occupent tout l'espace, est le classique de la limitation de nos compétences. Un jour quelqu'un nous a dit qu'on n'était pas bonne en maths ou en anglais. Ou encore on a vécu un échec et cet événement isolé a défini ce qu'on pensait de nous et a influencé par la suite toutes les perceptions et les opportunités que nous avons eues. Ça peut être aussi simple qu'une fille ne porte jamais de jaune ou de gris parce qu'on lui a toujours dit que ça n'allait pas avec sa couleur de cheveux.

Les croyances sont des pensées que nous nous répétons constamment et qui en viennent à définir notre quotidien AINSI que notre avenir. Elles prennent tellement de place que parmi les 60 000 que nous avons par jour en moyenne, 98 % de celles-ci sont les mêmes que la veille et la semaine dernière. Tu imagines? Même celles qui t'ont permis de survivre à un événement quelconque un jour sont dues pour être actualisées. Prenons une personne qui a vécu du rejet lorsqu'elle était jeune. Il se peut qu'elle ait développé la capacité à être un caméléon. Peu importe la situation, elle s'adapte afin de se faire apprécier. Et ça marche en tabarouette à part de ça!

Tout ça à partir d'expériences vécues lorsqu'elle était plus jeune et qui lui ont fait acheter la croyance que si elle était elle-même, elle ne serait pas aimée. Devenir un caméléon est une stratégie hyper intelligente qui lui a permis de survivre à un moment donné dans sa vie, mais est-ce qu'elle est encore aidante aujourd'hui? Oui, être un caméléon fait maintenant partie de qui elle est, c'est aussi elle en quelque sorte. Mais arrive-t-elle à être complètement elle-même? Sais-tu ce que c'est être soi-même sans se demander et se soucier de ce que les autres vont penser?

De plus, les croyances, ça se tient en gang ces p'tites bêtes là! Quand tu penses que tu tiens la reine, tu fouilles un peu et tu réalises que ce n'était qu'une ouvrière et que la vraie croyance à travailler est ancrée beaucoup plus profondément.

C'est pourquoi je te propose l'exercice de vider tes croyances et de trouver la croyance-mère de chacun de tes systèmes. Comment fait-on? Tu penses à quelque chose à laquelle tu crois vraiment, mais vraiment fort, qu'il me serait pratiquement impossible de te faire changer d'idée, même avec des arguments béton. Ensuite, tu te dis : « Je crois en... parce que...» et tu répètes « parce que » deux à trois fois. Notamment, la croyance qui dit que l'on obtient ce que l'on mérite parce qu'on doit travailler fort pour l'avoir. Puis, tu continues avec « Je crois qu'on doit travailler fort pour avoir ce que l'on veut dans la vie parce que sinon on est une personne paresseuse. Je crois que l'on est une personne paresseuse dans la vie parce qu'on ne fait pas plein de choses tous les jours et qu'on ne se surmène pas. » Vois-tu comment c'est intéressant et pernicieux? Si tu penses que de ne pas te bruler dans le travail fait de toi une personne paresseuse, selon la définition que tu as, penses-tu être capable de prendre ça relaxe sans te juger et sans que cela influence la perception de ta propre valeur?

En croyant cela, avoir une vie « facile » où rien n'est compliqué et où on a pratiquement tout ce que l'on désire sans faire de gros efforts n'était pas OK. C'est supposé être *tough* goûter à la réussite et à l'abondance. Je suis censée être fatiguée si j'ai travaillé tous les jours pendant deux semaines. Après, j'vais avoir le droit de « me gâter », de me reposer et de ne rien faire. C'est pourquoi j'ai réalisé que la seule raison valable que j'avais dans la vie de ne rien faire était d'être méga fatiguée (Est-ce que ça existe « ne rien faire »? Que fais-tu lorsque tu ne fais rien? Tu regardes la télé, tu fais du ménage, tu lis, tu médites, tu écoutes de la musique, tu fais une sieste et te reposes... En tout cas... j'dis ça, j'dis rien...). Et dans mon cas, pour être assez fatiguée pour ne rien faire ça en prend gros mettons. Donc, j'ai fait deux prises de conscience hyper libératrices concernant ces croyances. De un, je devais me sentir hyper fatiguée sinon je ne pouvais pas *vedger* sur Netflix. Si j'étais le moindrement en forme, je me devais de faire quelque chose pour ma *business*, pour mes filles, pour mon appart, etc. Qui fait du Netflix si sa maison est dégueu? Ça ne se fait pas, sinon je ne mérite pas de *vedger*! De deux, j'ai réalisé que je n'étais pas si fatiguée que ça de travailler tout le temps et de faire toujours plein de choses. Mais pour correspondre à ce que la société nous dicte et avec ce que je connais, je me devais d'être fatiguée après un certain temps de travail et d'activités. On s'entend, ça m'arrive d'être fatiguée! Mais j'ai vraiment beaucoup d'énergie et une superbe capacité à optimiser et être disciplinée. En réalité, je suis capable de faire énormément de choses avant de ressentir une once de fatigue. Mais j'avais cette croyance que si je ne faisais rien quand j'étais en forme ou juste un peu fatiguée, j'étais automatiquement paresseuse et je procrastinais. Ben crime, à partir de ce moment, j'ai décidé de mettre des journées Netflix en plein milieu de mon horaire de semaine. Résultat? Je fais maintenant aussi ce qu'il y a à faire les jours de Netflix et j'ai arrêté d'être fatiguée parce que j'étais censée l'être selon les standards autres que le mien. Je suis une *performer* et je m'assume! Évidemment, derrière ça se cachait une peur d'avoir l'air de me prendre pour une autre, d'être capable d'en faire autant quand la majorité des gens n'y arrivent pas.

L'important, c'est d'être soi-même et de changer le monde avec ça, c'est ce que je crois maintenant. Comme dirait Dain Heer, cocréateur de l'approche *Access Consciousness* : « Se ramener à des normes parce que c'est cela qui est supposé être la bonne affaire à faire ou encore parce que c'est ce que la majorité des gens vivent, c'est aussi une façon de ne pas s'honorer. »

Prends le temps de lister une dizaine de croyances et de remonter à la source de celles-ci. Ça se peut que plusieurs proviennent de la même source et tant mieux! On aura moins de *job* à faire avec toi! 😉 En fait, juste d'en prendre conscience, ça fait déjà toute la différence, tu verras...

Exercice : Liste des dix croyances qui me pourrissent la vie en ce moment

Prends la partie «parce que» de ta croyance et pousse plus loin comme dans l'exemple que j'ai donné dans ce chapitre.

Exemple :

Je crois W parce que X.

Je crois X parce que Y.

Je crois Y parce que Z.

1. Je crois parce que
2. Je crois
3. Je crois
4. Je crois
5. Je crois
6. Je crois
7. Je crois
8. Je crois
9. Je crois
10. Je crois

CHAPITRE EXTRA

PNL et cartes du monde

Très rapidement, je te résume ce qu'est la PNL : programmation neuro-linguistique, si tu en n'as jamais entendu parler. Pro de la communication et de la thérapie brève, l'approche de la PNL nous aide à développer des comportements de réussite en nous apprenant à mobiliser nos ressources et à utiliser nos sens.

Richard Bandler définit la PNL comme étant : *«Une éducation du cerveau, une sorte de mode d'emploi.»* La journaliste, auteure et conférencière française, Florence Servan-Schreiber dit de la PNL : *« Un ensemble de techniques de communication et de transformation de soi qui s'intéresse à nos réactions plutôt qu'aux origines de nos comportements. Elle privilégie le comment au pourquoi, propose des outils d'observation pour améliorer la perception de soi et des autres. La PNL permet également de se fixer des objectifs et de les réaliser. C'est une boîte à outils, dont la clé réside dans le langage et l'utilisation que chacun de nous fait de ses cinq sens et de son corps. Son but : permettre de programmer et reproduire ses propres modèles de réussite.»*

De plus en plus reconnue partout à travers le monde, dans une multitude de domaines par son accessibilité, la PNL est l'une des méthodes les plus évoluées et les plus efficaces actuellement disponibles pour remédier au défi de la communication entre êtres humains.

Comme nous naissons tous avec la même structure neuronale, nos capacités à faire ce que l'on a envie de faire dépend essentiellement de la façon dont nous gérons notre système nerveux. Prends par exemple les champions olympiques et leur capacité à se lever chaque matin et à se dépasser dans leur sport d'une façon aussi exceptionnelle.

C'est donc, en apprenant à gérer notre système nerveux que nous pouvons faire ça! C'est fou, non?

Ainsi, la PNL consiste à apprendre et à comprendre nos schémas de pensée (qui viennent tous de quelque part, soit dit en passant!) et à communiquer de façon plus efficace avec les autres et avec soi.

Le mot « **programmation** » indique la façon dont nous codons et emmagasinons les informations dans notre cerveau. Notre programmation personnelle représente les modèles de pensée (stratégies et processus internes) que nous utilisons pour tout :

- Faire des choix;
- Prendre des décisions;
- Gérer les défis quotidiens de la vie;
- Etc.

Grâce à la PNL, nous pouvons maintenant recoder ces processus de pensée et les réorganiser afin d'atteindre les résultats souhaités.

Ensuite, le mot « **neuro** » pour système neurologique. La PNL propose que les expériences que nous vivons dépendent de la représentation interne d'une situation faite à partir de nos cinq sens et que les informations soient par la suite transformées en processus de la pensée, autant de façon consciente que non consciente. Ainsi, ces processus activent des neurones qui influencent votre physiologie, vos émotions et vos comportements. Cela est confirmé par le fait que nous ne sommes pas que génétique! En effet, nous sommes qui nous sommes grâce aux gènes que nous avons activés et cela provient d'environ 30 % de la génétique et 70 % de notre environnement. Ce qui signifie que, si on nous transporte, nous les mêmes deux demi-cellules, dans un autre environnement, on ne serait pas devenues qui nous sommes aujourd'hui. Assez incroyable, non?

Un nouveau-né arrive au monde avec plus de 100 milliards de neurones qui deviendront matures, se connecteront entre eux et se spécialiseront. Les expériences que nous avons vécues étant bébé, à partir de nos sens dans les premiers mois de notre vie ont directement façonné l'architecture de notre cerveau. Je te l'avais dit que tous nos comportements et schémas de pensée venaient de quelque part.

Ainsi, grâce aux nombres phénoménaux de connexions synaptiques entre deux neurones qui se sont faites au fur et à mesure que nous vivions des expériences depuis notre naissance, notre cerveau a « maturé », dans le sens que certains neurones ont été activés et d'autres non, de manière à développer un équilibre entre ce qui nous composait en tant qu'être humain *brand new* et l'environnement humain et physique dans lequel nous vivions.

Je ne sais pas si après avoir lu ces derniers paragraphes tu ressens autant de frissons que moi j'en ai à les écrire, mais l'existence et la puissance de la PNL à ce moment bien précis me permet de croire aux véritables changements de l'être humain, à son évolution de façon rapide et durable et me remplit également d'espoir que, peu importe d'où nous venons, nous pouvons être qui nous voulons.

Une des présuppositions de la PNL est que la carte n'est pas le territoire. En gros cela signifie que ce que tu perçois de la réalité (ta carte) n'est pas la réalité (le territoire) puisque ta carte est créée en fonction de tes sens, de tes croyances, de tes valeurs, etc. Elle est donc extrêmement influencée lorsqu'elle se crée. Et c'est la même chose pour tous les êtres humains. Nous avons tous ces filtres qui font que notre perception de la réalité est biaisée. L'utilisation des expressions « Ouvrir sa carte du monde » ou « Que ça ne fait pas partie de ma carte », c'est de faire attention de rester ouvert d'esprit et de ne pas se limiter par sa propre carte. Une personne qui ouvre sa carte du monde, qui accepte de penser qu'il existe autre chose que ce qu'elle connaît depuis des années, s'ouvre à un infini de possibilités. Et ce n'est pas parce que tu acceptes d'ouvrir ta perception que tu adhères nécessairement à celles des autres. Tu ne vas que t'ouvrir à ce qui existe. Plus tu seras consciente de cela, plus tu verras toutes tes relations s'améliorer et le pouvoir sur ta vie augmenter.

CHAPITRE 3

WOWPATAWOW

Avant de poursuivre la présentation de concepts, j'aimerais mettre quelque chose au clair avec toi. Tu ne pourras pas obtenir les changements que tu désires dans ta vie, si tu ne commences pas par faire de toi le personnage principal de ta propre vie! Je sais que ça fait cliché et que ce n'est sûrement pas nouveau pour toi. C'est qu'il va y avoir des petites règles à suivre et fort probablement du débroussaillage de personnalité à faire. Pour t'aider, je te présente mon outil que j'ai appelé « l'échelle de bien-être ». C'est simple, imagine-toi une échelle de couleur comme celle que l'on prend gratuitement dans les centres de rénovation et que l'on utilise afin de choisir la couleur de la peinture de nos murs. Imagine également qu'il y a six niveaux. Une fois que c'est fait, sans réfléchir, sans te dire «C'est quoi ça c'te question-là?», j'aimerais que tu répondes à celle qui suit. Awaye allons-y *all-in*!

Si tu étais une couleur, laquelle serais-tu?

Il n'y a pas de bonnes ou de mauvaises réponses, et cela vaut pour toutes les questions et les exercices que tu rencontreras dans ce livre. Évidemment, ta réponse n'a pas besoin d'être intellectualisée. Alors, admettons que tu es rose, ton échelle de bien-être va débuter vers le bas en un rose très très pâle qui va représenter un état de « ouach » où tu ne vas vraiment pas bien et se terminer dans le haut en un rose WOWPATAWOW que tu aimes.

Le WOWPATAWOW, au cas où que tu ne saurais pas sa signification, est assez simple. Le WOWPATAWOW, c'est le *feeling* le plus *hot* et intense de bien-être que tu as déjà vécu et ressenti dans ta vie jusqu'à présent. C'est personnel à chacun, mais il y a un minimum de *feeling* associé à ce qu'un WOWPATAWOW devrait contenir. Je ne me gêne pas pour le nommer à mes clientes en coaching. Si leur ressenti n'est pas assez WOWPATAWOW à mon goût, elles doivent carrément trouver autre chose! Pour te donner une bonne idée de ce que c'est un feeling WOWPATAWOW, rappelle-toi une journée où il faisait beau, où ta belle-mère était sympathique, où ton chum t'a fait l'amour comme un dieu, où tu es allée manger dans ton restaurant préféré, où tu as gagné à la loterie et où en plus les étoiles étaient toutes alignées! Vivre un *feeling* de WOWPATAWOW ça nous emplit de bonheur intrinsèque où l'on se dit : « *My god* que j'suis heureuse d'être en vie. »

Je suis consciente que je suis peut-être en train de te décrire un *feeling* extraordinaire que tu n'as jamais vécu auparavant. Mais sache qu'un de mes objectifs avec ces lignes, c'est de te permettre de te libérer assez de tout ce que tu traînes afin que tu puisses vivre cet état de bien-être toi aussi. Et pas seulement le vivre de façon aléatoire. Être capable de le créer à l'infini.

C'est pourquoi l'idée est de te situer, selon ton état du moment, sur ta propre échelle de bien-être. De prendre le temps de réaliser comment tu vas et de comprendre que ta priorité actuelle, c'est de te faire monter au top de ton échelle si tu n'y es pas. Comme je l'ai mentionné plus tôt, tu es la priorité de ta propre vie. Si tu ne te choisis pas en premier, qui le fera? Avant de vouloir régler tes conflits avec ta famille ou encore avec ton chum, le comportement désagréable de ton enfant, tes soucis financiers ou autre, je t'annonce que la première action à prendre va être de prendre davantage soin de toi. À GO, on devient égoïste ensemble comme jamais auparavant! GO! On fait ce qu'on aime, on met nos limites (ce qui implique de dire non à des gens *by the way*), on fait des demandes, on accepte de recevoir et on se choisit dans tout ce que l'on fait. On se fait toujours passer en premier. N'est-ce pas là un petit défi que tu pourrais mettre en application dès maintenant?

J'ai décidé un jour d'utiliser cette métaphore de la couleur et de l'échelle, car toutes les clientes qui se présentaient dans mon bureau, et ce, sans exception, avaient un manque d'estime d'elles et n'étaient pas la priorité dans leur vie. Lorsqu'on prend le temps de se situer dans notre propre échelle de WOWPATAWOW et qu'on réalise qu'on est devenues qu'une version fade de soi-même, ça fesse. Et quand on réalise qu'en plus on n'a aucune espèce d'idées de comment on s'est rendues là sans s'en rendre compte et qu'on ne sait pas comment s'en sortir par soi-même, le choc est encore plus grand.

Par exemple, une cliente vient consulter, car elle est tannée que son mari ne s'implique pas plus dans les tâches de la maison (exemple 100 % fictif). J'ai beau la faire parler d'elle, si je ne prends pas soin de lui faire réaliser qu'elle est la priorité et qu'elle doit recommencer à se mettre de l'avant, cela ne servira à rien de travailler son couple. Travailler son couple quand on est dans notre partie *ouach* de notre échelle de bien-être, ça donne les résultats que l'on peut bien imaginer. De plus, comme nous allons le voir plus loin, si la cliente réalise qu'elle peut aller mieux et qu'elle se responsabilise de ce qu'elle vit, cela va inévitablement influencer l'attitude et les comportements de son conjoint. Une fois que son propre processus sera enclenché et que son système aura bougé, viendra le bon moment de travailler son couple. Si le besoin se fait encore sentir.

Même chose pour toutes mes clientes qui sont venues me consulter parce que leurs enfants avaient des troubles de comportement ou autre. Quatre-vingt-dix-neuf pour cent du temps je ne rencontre jamais les enfants. Pourquoi? Parce que juste le fait que la mère reprenne du pouvoir sur sa vie et mette des choses en place afin de se prioriser et de prendre soin d'elle, permet aux enfants de changer de comportements. Si les parents vont bien, les enfants vont bien.

Comme vous le constatez, c'est vrai qu'il est important d'apprendre à bien communiquer et d'optimiser nos relations interpersonnelles, mais il est encore plus important d'apprendre à se connaître soi. Et quand je dis se connaître, je ne fais pas allusion à savoir ce qu'on aime dans la vie, ce qu'on veut faire comme activités, les moyens pour prendre soin de nous et combler nos besoins, ce qui est déjà beaucoup si je me fie à mes clientes. Pour moi, apprendre à se connaître est savoir pourquoi on réagit comme on le fait et savoir d'avance comment on va réagir face à une situation en particulier. La majorité des gens vivent toutes sortes d'émotions et ne se comprennent pas. Ils ne saisissent pas pourquoi tout à coup ils se sentent déçus, fâchés, tristes ou même heureux. Autre exemple fictif : une animatrice radio vient de raconter une anecdote bien anodine. La personne à l'écoute commence à ressentir un malaise, sans raison apparente. La réaction de cette personne provient d'une accumulation du fait de ne pas avoir mis ses limites avec son conjoint sur un sujet en particulier il y a six mois. À ce moment précis, ça explose! Si la personne à l'écoute ne se connaît pas assez pour reconnaître sa réaction en lien avec l'anecdote de l'animatrice, elle se laissera submerger par l'émotion désagréable que cela vient tout juste de provoquer.

Pour ce faire, nous devons nécessairement plonger dans notre vulnérabilité, prendre un certain recul face à nos émotions et observer réellement ce qui se passe à l'intérieur de nous. Grâce à l'échelle, tu comprendras mieux où tu en es et le réel enjeu. Si tu sens comme si toutes les étoiles étaient alignées et vraiment bien, tu te situes dans le haut de l'échelle, dans ton WOWPATAWOW. Tandis qu'au contraire, si tu vas moins bien, tu descends sur ton échelle, jusqu'à éventuellement atteindre le niveau du bas où là tu es dans un état plutôt *yark*. Une personne en dépression n'est même plus dans sa couleur, elle s'est complètement oubliée, elle n'est que l'ombre d'elle-même, dans une zone de gris. Si tu te sens dans cet état et que ça dure depuis un p'tit bout déjà, va chercher de l'aide s'il te plait et ne reste pas seule avec ça. Si ça fait quelques mois, et que tu continues à endurer parce que tu te dis que ça va finir par passer, s'il te plait, va consulter. Lorsque nous sommes en dépression, cela peut nous demander tout notre petit change pour accomplir n'importe quoi. C'est comme si nous avions tous 100 jetons d'énergie pour faire notre journée. Ça nous en prend 10 pour faire la routine du matin, 5 pour faire du lavage, 40 pour notre journée de travail, etc. Une personne en dépression, elle, a environ 10 jetons d'énergie pour faire sa journée et ça lui en coûte 25 pour se lever, prendre sa douche et se préparer. Parfois, juste à l'idée de sortir du lit, elle se sent brulée. Rester dans cette situation seule et sans aide peut augmenter le nombre d'années nécessaires pour s'en sortir. En étant accompagnées, le processus peut durer de quelques semaines à quelques mois. Alors, choisis-toi maintenant si c'est ton cas.

Lorsque tu es au minimum dans le bas de l'échelle de ta couleur, tu es assez OK pour mettre des actions en place afin de créer du changement dans ta vie. Prends bien le temps d'observer où tu te situes en ce moment. Il n'est pas rare, même en conférence, que mes clientes me pointent davantage le bas de l'échelle que le haut. Comme tu le sais, se mettre en priorité et se choisir dans toutes les sphères de nos vies n'est pas ce qu'on nous a appris depuis notre enfance et c'est pour ça que les gens se retrouvent dans le bas et viennent justement consulter.

Si je résume, première étape, prendre soin de nous afin de retrouver notre énergie. Les clientes qui veulent consulter pour leur couple ou leurs enfants, sont mieux de remonter en énergie avant de faire quoi que ce soit de majeur, car ce n'est pas quand on va vraiment mal et qu'on est submergées par les émotions que l'on prend nos meilleures décisions! *Right*?

Ainsi, cette couleur te représente toi, mais également tes valeurs, tes croyances, tes expériences et ce avec quoi tu arrives lorsque tu interagis avec une autre personne. Par exemple, si tu es bleu, les gens vont arriver et se dire : «Wow c'est dont ben le fun ce type de bleu-là! Ça fait différent de mon rouge et de toutes les autres couleurs que j'ai connues! » Cet outil t'aide à voir tout ce que tu apportes aux autres, à te reconnaître et à prendre conscience d'où tu viens et ce que tu transmets à tes enfants. Par conséquent, si une personne bleue rencontre une personne rouge et ont des enfants ensemble, eh bien ces derniers seront nécessairement violets.

Eh oui! Nous ne tombons jamais bien loin de l'arbre. Nous sommes qui nous sommes grâce à 30 % de nos gènes et 70 % de notre environnement, c'est-à-dire ce que nos parents sont et ce qu'ils nous ont offert comme enfance. Ces petits violets vont prendre ce qui leur convient de chacun de leurs parents (même si un parent est absent ou a des comportements nuisibles) et vont se construire leur propre couleur. Petite parenthèse pour les femmes séparées, parfois, c'est la couleur de votre ex-conjoint qui s'imprime nécessairement chez votre enfant, qui vous gosse quand ils reviennent de chez leur père. 😉

Il m'est déjà arrivé qu'une cliente réalise que ce qu'elle trouvait difficile, c'était de devoir se conformer au violet légué par ses parents quand elle sentait au plus profond d'elle-même qu'elle était turquoise… Cette prise de conscience l'a éclairée sur tout un pan de son enfance, l'a soulagée et lui a enlevé toute la pression qu'elle se mettait à vouloir être loyale (plus envers ses parents qu'envers elle-même) et se conformer. Je sais que ça a l'air fou, mais l'être humain a besoin de sens. Une fois que tu auras trouvé un sens à toutes les problématiques et les *shit* que tu as vécues, voilà qu'arrive la libération et une très grande sensation de légèreté.

Comme devoir pour ce chapitre, oui je donne des devoirs, j'ai le droit, c'est mon livre et j'suis une ancienne prof, tu devras énumérer toutes les activités (minimum 20) que tu aimes et qui te font du bien. Des activités qui prennent cinq minutes à faire, d'autres qui durent une fin de semaine complète, telles que boire un thé, lire un livre, marcher, prendre un bain, etc. Tu verras qu'après quatre-cinq, on commence déjà à manquer d'imagination. Et pourquoi ça? Nous n'avons pas été éduquées, pour la majorité d'entre nous, à prendre le temps de ressentir et d'observer nos besoins ni de les combler. Nous sommes depuis tellement longtemps sur le pilote automatique que la dernière fois qu'on a exprimé vraiment ce qu'on voulait et qu'on savait ce qu'on voulait, c'est quand on avait sept ans et qu'on faisait juste ça penser à soi! Ça se peut aussi que cela vienne du fait que depuis que nous sommes devenues mère, nous avons changé et nous ne savons plus ce que nous aimons vraiment. Il m'arrive d'avoir des clientes qui travaillent fort pour leur business. Elles possèdent la belle croyance qu'il faut travailler à la sueur de son front pour avoir du succès et le mériter. Et lorsqu'elles arrivent à se débarrasser de ce superbe mantra et qu'elles ont finalement du temps pour elles, elles ne savent pas quoi en faire. Est-ce qu'elles se planifient un 5 à 7? Est-ce qu'elles devraient aller au spa? Est-ce qu'elles s'installent pour lire? Cela est si rare! Elles veulent tellement profiter au maximum de ce moment béni et rocker leur temps pour elles que finalement, elles sont déçues. Prends le temps d'identifier ta couleur, prends le temps d'observer où tu te situes dans ton échelle de WOWPATAWOW et énumère une liste d'au minimum vingt activités qui prennent vraiment soin de toi. Pas toi il y a dix ans, toi aujourd'hui. Et vas-y sans penser au budget, au temps que tu as pour ça, etc. Infini de possibilités!

Exercice : Liste d'activités

Nomme-moi vingt activités qui font que tu prends soin de toi actuellement et que, lorsqu'elles sont terminées, tu te sens complètement réénergisée, zen et/ou épanouie.

1.

2.

3.

4.

5.

6.

7.

8.

9.

10.

11.

12.

13.

14.

15.

16.

17.

18.

19.

20.

CHAPITRE 4

Domination mondiale

Là, c'est le bon moment selon moi de te parler d'un constat hyper important que j'ai fait à partir de ma pratique que plusieurs personnes ignorent. Lorsque tu te rappelles de ton enfance, plus précisément tes parents en arracher avec l'argent ou au contraire vivre dans l'abondance, je suis prête à parier qu'à un moment dans ta vie, à l'école, au travail, à la maison ou un adulte qui faisait figure d'autorité t'as déjà légué cette phrase : «Ma belle, tu dois travailler fort pour obtenir ce que tu veux dans la vie. » À ce moment bien précis, sans le savoir, tu en as conclu dans ton cerveau « non maturé » (juste pour ton info, le cerveau termine sa maturation vers l'âge de 25 ans, pour la majorité d'entre nous), que dans la vie non seulement il faut travailler **FORT** pour arriver à nos fins, mais en plus, si tu ne le fais pas, tu es soit paresseuse ou une pro de la procrastination. Bref, le succès a peu de chance de faire partie de ta vie.

Parenthèse : J'ai fait exprès d'utiliser les mots « non maturé » plutôt que de simplement dire immature, car comme tu peux le voir, si je t'avais dit dans ton « cerveau immature », tu aurais pu penser que je voulais signifier que nous étions niais. Niais parce que je fais référence à un jeune âge, alors que je parle d'un phénomène totalement biologique. Mais le sens que l'on donne aux mots est loin d'être un hasard et en démontre beaucoup sur toi. Je pourrais facilement te sortir tes principaux schémas de pensées, simplement en t'écoutant parler pendant une minute. Donc, tu pourrais toi aussi, avec les milliers de mots que je te partage dans ce livre, en faire autant.

Comme nous l'avons vu au chapitre deux, tout ce que nous pensons et croyons provient en majorité de notre enfance. Rien de nouveau jusqu'à maintenant. Mais ce que la plupart d'entre nous avons oublié, c'est que nous pouvons faire le choix de faire différent. OK, tu vas me dire, je ne fais vraiment pas comme mes parents, j'ai même passé ma vie à tout faire pour être différente d'eux. Et c'est là que tu te trompes. Je suis désolée de te dire ça comme ça, sans préliminaires, mais si tu es en train de lire ces pages, c'est que nécessairement, tu veux que quelque chose change dans ta vie. Ou encore tu m'aimes d'amour et tu suis tout ce que je fais, ça aussi ça se peut... Je parie que tu cherches des réponses.

Il reste que la réalité dans laquelle tu vis en ce moment, et ce, dans toutes les sphères, est la résultante des actions et des choix que tu as fait jusqu'à maintenant. Donc, si tu n'es pas complètement OK avec ta vie en ce moment, c'est que tu as fait certains choix qui n'étaient pas complètement alignés avec qui tu es. Je t'annonce alors que tu es déjà dans ta vie de rêve! J'espère que ta vie va bien en ce moment... Sinon ne t'inquiète pas, je ne te laisserai pas comme ça. Je te dis tout ça, car tu penses que tu fais différent de ta lignée, mais en réalité, si tu travailles fort pour y arriver, si tu en arraches même, et que tu es bien dans quelques sphères seulement, cela signifie que tu essaies encore d'être heureuse dans ce qu'on t'a enseigné sur ce que doit être la vie. Tu essaies de cadrer, selon ta personnalité, dans ce qu'on t'a légué. Cadrer dans toutes ces règles non écrites qui dictent ce qu'on veut être et ce qu'on doit faire dans cette vie, qui je te rappelle, est censée être la tienne.

Entends-moi bien. Toutes ces personnes qui t'ont expliqué la vie à leur façon, elles l'ont fait parce qu'elles tenaient à toi, parce qu'elles ne savaient pas comment faire autrement, parce qu'elles avaient elles aussi eu une enfance de marde ou merveilleuse, parce qu'elles sont restées des enfants même à l'âge adulte et n'ont pas su se gérer elles-mêmes. Elles ont fait ce qu'elles ont pu avec toi, avec ce qui leur avait été légué. Peu importe l'enfance que tu as eue et je dis bien PEU IMPORTE, il n'y a vraiment aucune exception et je suis sincèrement désolée si tu as eu à passer à travers des expériences atroces et invivables (je suis un peu rassurée tout de même de savoir que tu as su quoi faire pour être ici, en ce moment, en train de me lire), mais toutes ces personnes ont fait du mieux qu'elles pouvaient avec qui elles étaient. Ben oui, bête de même. Et si tu as du ressentiment à lire cela, eh bien continue ta lecture, car tu as un autre niveau de libération qui t'attend.

Alors, à moins que tu aies passé les dernières années en coaching, *sorry* mais pour moi la thérapie ça ne compte pas vraiment pour ce genre de transformation majeure et instantanée, tu ne vas pas à l'encontre de tes parents en ce moment. L'humain est ce qu'il est et il se crée un monde selon ce qu'il connait, ce qui va le rassurer. Ce que j'appelle la zone de confort inconfortable. Et c'est ce qui fait que tu as autant *rushé* pour arriver jusqu'ici, tu as essayé de te changer toi pour cadrer dans cette réalité expliquée au lieu de rester toi et de créer la réalité pour que ça cadre. As-tu bien saisi ce que je viens juste de te dire? Je le répète puisque, lorsqu'on entend des propos qui font du sens pour nous et que nous ne sommes pas prêtes à l'entendre, notre cerveau choisit volontairement de ne pas comprendre. Au lieu d'essayer de te changer pour bien vivre dans la réalité que l'on t'a léguée, sois toi-même et change cette réalité.

« When a flower doesn't bloom, you fix the environment in which it grows, not the flower »

- Alexander Den Heijer

Si tu as ce qu'on appelle un *mindfuck* à lire ses lignes, si tu te dis que ça ne se peut pas, ça ne se fait pas, ça l'air beau tout ça, mais ça ne le fera pas pour toi, tu as déjà essayé et ça n'a pas fonctionné, c'est trop beau pour être vrai, bref, si tu as des pensées autres que *yes, let's do it*, tu es tout simplement en train de te protéger afin de rester dans ta zone de confort inconfortable qui te sécurise autant qu'elle te rend malheureuse.

Ce que tu ne sais pas encore, c'est que tu es équipée intérieurement pour la domination mondiale, rien de moins! Tu as un infini pouvoir sur ta vie que tu utilises probablement à 0,00001 % en ce moment. Ça peut avoir l'air décourageant dit comme ça, mais pour moi c'est une bonne nouvelle puisque tout reste à arriver! Nous avons le pouvoir de changer tout ce que l'on veut dans notre vie, c'est juste que, de un, on ne nous a pas appris comment faire (ils ne pouvaient pas, ils ne le savaient pas pour eux-mêmes) et de deux, il suffit pour cela d'être et non de faire.

Pour mieux t'expliquer ce que cela veut dire en français, voici l'exemple d'une cliente. Sabrina est dans la trentaine, mariée et a trois fillettes. Rien d'alarmant jusqu'à présent. Elle est à la tête de son entreprise et de sa famille et travaille vraiment **FORT** afin de s'offrir et d'offrir à tous ceux qu'elle aime une vie incroyable, comme elle en a toujours rêvé. Un jour elle vient me consulter, car elle a un syndrome de l'imposteur qui lui botte les fesses chaque fois qu'elle est sur le bord d'atteindre ses objectifs. J'te l'dis, elle est comme nous toutes cette femme! Après quelques rencontres, j'ose (le mot oser ici est bien choisi, car ça prend un *shitload* d'amour et de bienveillance en arrière de ce que je m'apprête à lui dire) lui partager mon observation que j'ai faite sur l'une de ses filles. Ce que tu dois savoir et que je ne t'ai pas dit encore, c'est que Sabrina a une fille de quatre ans atteinte d'un syndrome génétique et a aussi deux jumelles de trois ans. Tsé, quand tu aimes ça être dans le jus! Sa fille de quatre ans a un retard de développement global et personne ne sait de quoi elle sera capable ou non, mais on sait qu'elle ne fait pas encore ses nuits et n'est pas encore propre. Alors, c'est avec toutes ses informations que j'ose dire à ma cliente : « Et si tu y croyais que ta fille était capable de tout? Et si tu prenais la chance de lui donner des possibilités à l'infini, que tu lui laissais cette chance de ne pas mettre déjà des limitations, ta fille pourrait accomplir tout ce qu'elle veut à partir de qui elle est. »

Ma cliente ne limitait pas sa fille pour le plaisir. Elle le faisait, parce que c'est ce qu'on lui avait dit, c'est ce qu'elle avait vu et lu chez d'autres enfants atteints du même syndrome et surtout elle le faisait pour protéger elle et sa fille de la déception de réaliser que celle-ci aurait atteint un plateau en ce qui concerne ses capacités. Tu sais, se donner espoir que tout est possible et tout essayer pour finalement aboutir à la conclusion que ça ne fonctionnera pas. OUTCH.

Ce jour-là, ce que j'ai offert à ma cliente, c'est une ouverture sur un univers de possibilités, mais sans avoir d'attentes. Dans la vie nous ne sommes pas qu'une seule chose. Nous ne sommes pas qu'une mère, qu'une femme, qu'une sportive, qu'une *nerd*, etc. Il y a une immensité de choses que nous pouvons être et que nous choisissons d'être. Faire en sorte de se bloquer à plusieurs options, ne sachant même pas qu'elles existent dès le départ, c'est se priver de son plein potentiel pour cadrer dans ce qu'on nous a dicté. Depuis ce jour-là, parce que ma cliente a accepté de baisser sa garde, de se faire confiance et de faire confiance à sa fille, la petite Camille a fait quelques nuits et est devenue propre autant du numéro un que du numéro deux. Tu imagines? Et tout ça facilement, en deux semaines! Des résultats acquis beaucoup plus facilement que ce que ma cliente avait en tête. En plus, je viens rajouter un bout à cette anecdote, car depuis la petite s'est également mise à faire ses nuits! Des histoires comme ça, j'en ai des tonnes à te partager. Mais celle qui m'intéresse le plus, c'est la tienne, qui s'apprête à être transformée.

Je résume : si ma cliente vient en consultation pour son syndrome d'imposteur, en plus de se construire une estime et une confiance en soi béton, voit sa fille être influencée par le changement qu'elle vit, imagines-tu comment *sky ISN'T the limit* (dans une retraite avec des clientes nous trouvions que *sky IS the limit* était trop limitatif)! C'est incroyable non? Tu peux créer ce genre de changement dans toutes les sphères que l'on a énumérées dans le premier chapitre et en faire ce que tu veux .

Si tu es ici en ce moment, comme je l'ai déjà mentionné, c'est qu'il y a une raison. Et peu importe cette raison, c'est que ça devait se passer ainsi. Alors tant qu'à y être, pourquoi ne pas prendre le taureau par les cornes et faire naître dans ta vie les choses que tu as toujours voulues? Avoir une relation amoureuse créée sur mesure pour toi, avoir de l'abondance financière, avoir des gens autour de toi qui t'apprécient telle que tu es, avoir la santé, du succès dans ta vie professionnelle, avoir vraiment tout ce que tu veux et plus encore! Et tout ça ne dépend que d'une seule chose : que de toi. Et si tu penses à ce stade-ci que je vis dans un monde de Calinours, *good*!

Parce que cela veut dire que plusieurs de tes croyances et de tes valeurs ont été brassées et qu'il y a quelque chose à faire. Tout ce que je mets sur papier, je l'ai vécu et je l'ai vu arriver dans la vie de centaines et de centaines de femmes. Il est temps que tu te retrousses les manches et que tu prennes la place qui te revient dans ta propre vie. Et même si cela signifie ravaler son orgueil et s'avouer à soi-même qu'on n'a pas fait les meilleurs choix pour soi dans le passé. Mais hey! On a fait du mieux que l'on pouvait avec qui on était à l'époque et c'est parfait ainsi. Tous ces enchainements d'événements t'ont permis d'être ici aujourd'hui, à l'aube de la domination mondiale sur ta vie et c'est ça qui est le plus important.

Es-tu l'une de ces filles qui ont le *mindset* influencé par la température à l'extérieur? Lorsqu'il fait un superbe ciel bleu, gros soleil, tu *feel* bien, de bonne humeur et même, tu te dis que rien de grave ne peut t'arriver. Lorsqu'il fait grisâtre, nuageux et pluvieux, tu *feel* pour te rouler en boule quelque part (#truestory plusieurs d'entre nous sommes affectées par la météo). Alors si tel est ton cas, il est plus que temps que tu ailles voir *deep down* de quoi tu es faite et que tu mettes en place des stratégies. Des stratégies pour te permettre de reprendre le contrôle sur ce fameux *mindset* et qu'il ne soit plus influencé par la météo. Tu prévois aller faire une activité extérieure la fin de semaine prochaine et il annonce de la pluie à trois jours d'avis. Tu annules et finalement il fait beau. Combien de fois ça nous est arrivé? Parfois, il annonce de la pluie le matin et finalement, il ne pleut pas ou encore l'inverse, la journée qui s'annonçait superbement ensoleillée s'assombrit et il se met à pleuvoir des cordes. Tout ce bla-bla météo pour te dire que oui il y a une prédiction, mais c'est loin d'être infaillible. Alors si ton humeur dépend entre autres de ce facteur, il dépend d'un élément plus qu'aléatoire! Ce n'est pas grave si tu es influencée par la température, mais apprends à te connaître, reconnais-le si tel est le cas et mets des stratégies en place pour être dans le *mindset* que tu veux quand tu le veux.

#dominationmondiale

C'est ça reprendre le plein pouvoir sur sa vie, *babe*! Ne sois pas une #filledemeteo.

CHAPITRE 5
#workyourshit

Comment ça se fait que j'en suis venue à dédier un chapitre au complet sur « travailler son caca »? C'est bien simple, je te l'ai dit au tout début que je serais honnête avec toi : il suffit de croire à de belles choses, que tu y as droit, pour que la magie se produise dans ta vie. Il y a en revanche un passage obligé, aussi appelé le fameux « processus » afin d'arriver de l'autre côté du brouillard. De quel brouillard je parle? Depuis le tout début de ta vie, tu as suivi ta *track* de chemin de fer. L'idée, c'est de comprendre que tu n'as jamais été sur la mauvaise *track*, peu importe ce que tu as vécu ou ce que tu vis en ce moment. Cela signifie en fait que, tout ce que tu as vécu était à vivre. Parfois, tu vis simplement des petites passes de brouillard sur ta route. Mais l'univers répond à tes demandes et t'offre ce que tu as présentement dans ta vie. Oui, j'ai dit le mot univers, je place mes pions tranquillement, comme tu vas voir plus loin, c'est ce que j'appelle « semer le truc ». Donc, comme tu le sais maintenant, tu vis la vie que tu as choisie en ce moment.

Pour avoir un résultat différent, tu auras à faire des choix différents. Et pour faire des choix différents, tu auras à transformer tes croyances (limitatives ET aidantes), tes perceptions, bref, tout ce qui te définit jusqu'à présent. Tu dois actualiser tes données. Et pour arriver à faire ça, il faut arrêter de se mettre la tête dans le sable en se disant que tout est beau et que tout va bien aller en ne changeant rien. Tu auras à faire des prises de conscience. Ça l'air banal dit comme ça, mais crois-moi, faire des prises de conscience à en faire « une face de chevreuil sur l'autoroute », c'est beaucoup moins reposant que de poser des actions. On peut se brûler à faire des prises de conscience et à remettre en question tout ce sur quoi on avait basé ce qui définit notre vie.

Travailler son caca (#workyourshit) se rapproche de l'expression *get your shit together*, qui signifie de mettre de l'ordre dans sa vie, d'arrêter de niaiser et d'aller droit au but. Tandis que #workyourshit c'est de ne pas lésiner à aller dans notre vulnérabilité. C'est de travailler ce qu'il y a à travailler malgré l'inconfort et la peur.

Qu'est-ce que j'entends par vulnérabilité? C'est cette partie de soi où on a peur d'aller faire un tour, où on pense qu'on va découvrir des trucs qui vont nous décevoir et nous faire souffrir. Je ne te mentirai pas. Parfois ça fait un mal de chien. Parfois on braille notre vie. Parfois non. Je crois que de travailler au niveau de sa vulnérabilité peut aussi être fait de façon simple, fluide et non douloureuse. Mais chaque fois, je te promets une libération presque instantanée. Je dis presque, seulement parce que parfois on sait que c'est ça, on sait que c'est la bonne chose pour nous cette nouvelle façon de penser, mais on a besoin d'un peu de temps pour assimiler le tout et faire un deuil de ce qu'on laisse derrière. De plus, chaque personne possède son propre rythme de transformation, son propre processus. Et cela peut aussi être contextuel. Par exemple, ce n'est pas parce qu'une cliente fait la paix avec son syndrome d'imposteur en une seule rencontre que pour toutes mes clientes cela se réglera de la même manière. Et même pour cette cliente, cela peut prendre une autre tournure lorsqu'il sera temps de transformer la perception qu'elle a de l'abandon de ses parents. Même moi, qui fais vivre en une seule séance des transformations incroyables concernant plusieurs problématiques en même temps, je peux avoir besoin de plusieurs séances avec ma propre coach. À certains moments, c'était même frustrant! Pourquoi moi, en une seule rencontre, je pouvais régler un sentiment d'insécurité financière chez une cliente, ce qui faisait en sorte qu'elle se mettait à vivre une abondance financière incroyable, quand je luttais encore avec ça? Je savais déjà que chaque personne avait son processus unique, mais c'est là qu'avec ma coach, j'ai réalisé que je fonctionne en chaînes de cause à effet et que chacune de ces chaînes sont solidement interreliées. Ce qui a comme conséquence qu'une libération est extrêmement intense. C'est aussi possible que cela soit un peu plus complexe à défaire. Chaque personne est unique. Ne mets pas d'énergie à te juger sur comment tu fonctionnes, comment tu comprends les choses et le temps que cela te prend pour y arriver. Ne fais pas comme moi! Encore une fois, *the most important thing,* c'est d'apprendre à te connaître, de respecter le plus précieusement possible ce que tu vas trouver dans cette quête et surtout permettre la mise en valeur de la personne extraordinaire que tu es. Avec le temps, on s'habitue à faire un tour dans cette fameuse zone de vulnérabilité ou on devient tout simplement un peu sadomaso, car on veut toujours plus de ce sentiment de liberté intérieure qui ne finit jamais de nous suivre par la suite.

#workyourshit, c'est battre le fer pendant qu'il est chaud. C'est se dire notre propre vérité en pleine face et admettre qu'on a cru en cette chose qui faisait tant de sens jusqu'à maintenant dans notre vie, qu'on réalise à présent que *oh my god* qu'on a été un peu nulle d'y croire aussi longtemps (même pendant 30 secondes). Tu ne dois pas faire ça. Tu ne dois JAMAIS plus te juger à partir de maintenant. Tu es et tu as toujours été cette personne exceptionnelle et unique que tu es, et ce, tout le temps. Tu offres toujours qui tu es au monde et c'est le mieux que tu puisses faire. Même si on t'a déjà dit le contraire, même si toi-même tu l'as déjà pensé et le pense encore. Si plusieurs pensées du genre « OSTI que je suis loin d'être ça coche » te sont venues en tête ou te viennent en tête de temps en temps, s'il te plaît, continue de lire ce livre.

À partir de maintenant, tu es toi. À partir de maintenant, c'est la seule chose qui te définit. Réalises-tu un peu tout le ménage qu'on a à faire pour arriver à ce que tout cela devienne tellement naturel que tu n'aies plus à penser à rien et que ça se produise? Que tu sois tout le temps toi *no matter what?* Lorsque j'anime une de mes VIP, j'aime bien dire que pendant ce 48 h nous enlevons plusieurs couches de *shit* avant d'arriver au diamant que nous sommes et que par la suite, il ne nous reste qu'à apprendre à connaître ce diamant. C'est aussi ce que je fais avec ce livre. Je t'offre l'occasion de retirer plusieurs couches de *junk* que tu as accumulées ces dernières années et y dénicher dessous la guerrière en toi. La toi qui à partir de ce contact avec cette guerrière ne laisseras plus jamais personne ni elle-même faire comme si elle n'existait pas. Rappelle-toi de mon histoire du père Noël. Une fois que tu y goûtes, que tu sais qu'elle existe, tu ne pourras plus jamais faire comme si elle n'existait pas. Et à partir de ce moment, tout va changer dans ta vie. Tout.

Ce que j'y ai trouvé au plus profond de mon diamant vulnérable, c'est une *fucking rockstar*! Juste de l'écrire, ça me donne le vertige. Je suis une *student* biochimiste/prof, jamais je n'ai pensé qu'un jour je serais une rockstar. Je suis devenue, en toute humilité, une dénicheuse de rockstars qui s'ignorent. C'est précisément et sincèrement ce que j'espère que ce livre va te permettre.

Comment en suis-je arrivée à ce constat? Ce *feeling*, je l'ai ressenti pour la toute première fois lors d'une de mes conférences intitulée «Notre pouvoir insoupçonné sur les autres et sur la réussite de notre entreprise» que je donnais pour le RMA au Saguenay. J'avais déjà donné cette conférence auparavant et j'avais déjà eu une superbe réceptivité des mères en affaires présentes. Une de mes forces en conférence est de retenir le nom des participantes, leur business, leur réalité familiale, etc. J'adapte mon contenu et mes anecdotes pour faire en sorte qu'elles se sentent toutes interpellées et qu'elles repartent avec quelque chose de constructif.

Lors de cette dite conférence, j'agis comme à l'habitude, je me sens en feu! Les filles participent énormément, elles répondent à mes questions, partagent leur propre expérience et rient même de mes jokes! C'est vrai que je suis super drôle en conférence, on me l'a déjà dit, mais cette fois, c'est vraiment au-delà de mes attentes. Je sors de là gonflée à bloc! Je viens de donner une *fucking* conférence à Chicoutimi et je me sens comme si je sortais d'un show au centre Bell, une des plus grandes salles de spectacle au Québec qui peut accueillir 15 000 spectateurs. On pourrait penser que l'ancrage de la rockstar s'est fait à ce moment-là, mais non. Même pas! Faut croire que mon processus était plus long à starter là-dessus! Je repars de là et je me mets à recevoir plusieurs témoignages comme quoi j'étais vraiment *hot*, inspirante, ça coche et on me remercie d'avoir choisi ce métier et de faire une différence dans la vie des femmes. Euh OK! Je sais, je sais, tu lis ça et tu te dis que sûrement que je sais déjà tout ça, en tout cas je suis sensée le savoir et que ce n'est rien de nouveau, mais non! Je sais que je fais une différence dans la vie de mes clientes, mais en une seule conférence de 60 minutes j'ai réussi à leur faire vivre ce genre de *feeling*, wow! Je repars avec cette incroyable sensation en moi et je flotte là-dessus quelques jours. Un mois plus tard, j'enseigne mon module sur l'estime de soi et je fais le cobaye pour que mes étudiantes puissent pratiquer une technique où je dois me définir comme personne et créer un ancrage. C'est à ce moment que l'ancrage de la rockstar monte! Moi, la coach/*nerd*/biochimiste! J'ai beau être une coach, une conférencière, en croissance personnelle à part de ça, ça ben l'air que mon diamant brut n'est rien de moins qu'une *fucking rockstar*! En apparence, ça semble bien simple et bien beau tout ça. La deuxième raison qui justifie le fait que les femmes ne sortent pas au grand jour leur diamant brut, c'est la peur. La peur d'être jugées d'une part, mais surtout la peur d'être à la hauteur de la responsabilité qui vient avec le fait d'assumer un tel rôle. Je t'invite à prendre un moment dès maintenant afin de nommer ton diamant brut. Comment nommerais-tu cette énergie qui t'habite en ce moment et qui hurle tellement elle a soif de vivre? En autant que ça te parle, tu peux l'appeler guerrière, rockstar, moine tibétain, yogi, tout est OK!

Petite parenthèse. Quand je parle de guerrière, je ne parle pas simplement de toi qui es une battante, qui en a vu d'autres, qui se relève toujours et qui n'abandonne jamais. Je parle ici de la guerrière qui n'a pas besoin de rien faire. Seulement besoin d'être. Une cloche vient de sonner dans ta tête et tu te dis : « C'est bien beau tout ça, mais comment je fais? » Je vais revenir sur ce concept un peu plus tard pour tout t'expliquer. Car ce n'est pas dans le « faire », mais bien dans l' « être » que ça se passe. La grande différence pour la guerrière qui EST versus qui FAIT, c'est que lorsque qu'elle pile sur une mine et que celle-ci explose, tu sais ces événements désagréables qui nous arrivent parfois dans la vie, et bien elle ne se dit pas : « *Oh my god* maintenant qu'est-ce que je fais??? » Elle se dit plutôt : « Yeah une mine vient d'exploser. » Elle adore simplement le fait qu'elle ait explosé. La suite suivra son cours... Ça peut sembler inatteignable comme niveau de bien-être intérieur pour réagir de la sorte face à l'impondérable, mais c'est beaucoup plus accessible qu'on le pense.

Deuxième parenthèse, si tu n'as jamais accédé à ce genre d'énergie, ne panique pas. Ça aussi ça va *popper* dans les prochains chapitres. Fin des deux parenthèses.

As-tu déjà entendu parler du concept qui dit que lorsque tu résistes ou que tu es en réaction à quelque chose ou à quelqu'un, c'est que tu es à la bonne place pour grandir ou agrandir ta carte du monde? Comme un reflet de qui tu es dans un miroir que tu ne veux absolument pas regarder. J'aime bien penser que lorsqu'un truc me fait réagir dans le comportement d'une personne, c'est que j'ai quelque chose à apprendre. Même si parfois cela m'amène à grincer des dents quand quelqu'un me tape sur les nerfs, je me répète : « N'oublie pas Mari, cette personne est assurément un excellent professeur pour toi! » Pas toujours évident, mais c'est le cas, alors fais-y face!

#attitudederockstar

Ce truc qui te fait réagir a quelque chose à t'apprendre certes, mais n'a pas nécessairement un lien avec le quelque chose en question. Ce n'est pas parce que tu trouves une personne égoïste que toi tu l'es ou que tu penses que tu l'es et que tu dois nécessairement travailler là-dessus. Encore une fois, la transformation se passe à un niveau sous-jacent. Il y a beaucoup plus de chances que tu sois en réaction à ce que tu identifies comme de l'égoïsme chez cette personne, parce que tu t'es un peu oubliée (ou tu n'as pas appris à te prioriser) et que tu ne te permets pas de penser à toi de la façon dont cette personne le fait pour elle. Si tu es une habituée du *#workyourshit*, tu sais que cela est relié à quelque chose de beaucoup plus profond qui touche ta vulnérabilité. Si tu es nouvelle en la matière, je t'annonce que tu n'as pas fini de tirer sur la ficelle et d'avoir tout un tas de laine entremêlée à défaire. Ce n'est pas grave. Ne fais pas le saut et surtout n'aie pas peur. Je te garantis une libération au bout de tout ça. Viendra le jour où tu y seras tellement habituée, que tu verras directement ce qui te travaille dans la situation. Je t'avoue même que cela vient *dull* un peu de faire de la surface et de ne pas parler des vraies affaires quand tu connais le processus qui mène à une transformation.

Un autre exemple, ta belle-mère adorée te dit un commentaire du genre : « Ouin c'est l'fun que tes enfants soient occupés à jouer dehors, tu vas pouvoir en profiter pour aider et faire la vaisselle. » Plusieurs choses se passent à ce moment bien précis. De un, sache qu'elle se parle à elle-même. Elle juge le fait qu'une mère qui a plusieurs enfants n'a pas d'excuses pour ne pas participer, selon ses propres valeurs. De deux, ce n'est que son point de vue intéressant sur la situation. Cela ne change rien à la personne que tu es. Et finalement, de trois, si tu embarques dans un cercle vicieux de pensées telle que « va dont chier avec ton commentaire de marde », cela m'indique que tu n'es pas en train de t'honorer, puisque tu lui donnes du pouvoir sur tes pensées et sur ton bien-être intérieur par le fait même. Et là, pour moi, ça serait une super belle occasion de creuser un peu le pourquoi cela t'a fait réagir et en profiter pour en apprendre davantage sur ton diamant intérieur.

#rockstarintérieure

Travailler son caca quand tu sais qu'il y a une garantie d'y dénicher ta *rockstar* intérieure, moi j'trouve que c'est un *deal fair*, non?

Tu auras beau résister, grogner après moi ou après la vie si tu veux, tu devras faire ce travail pour obtenir tout ce que tu veux. Et quand je dis travail, je ne parle pas de bûcher sa vie pour y arriver et mériter sa libération. Je dis juste qu'il y a un travail à faire et qu'il doit être fait, point. Sinon, tu continueras tout simplement à faire comme tu as toujours fait et à attirer le même genre d'opportunités que tu as toujours attirées. Tu attirais des gars à sauver, tu attireras des gars blessés. Tu manquais d'argent, tu attireras de mauvaises opportunités. Tu es entourée par des gens qui te jugent et qui ne t'aiment pas réellement pour qui tu es... Tu as compris la suite logique des choses, *right*? Facile de jouer la diseuse de bonnes aventures quand je peux te prédire que si tu ne changes absolument rien dans ton *mindset*, eh bien tout ce qui va t'arriver dans ta vie sera la même chose que tu as toujours vécue. Pas pire non? Si tu aimes ta vie telle qu'elle est et qu'il n'y a absolument rien que tu voudrais y changer, stop, arrête de lire ces lignes et offre ce livre à quelqu'un. Sérieusement, si tu es rendue jusqu'ici, le mal est fait, ta vie va obligatoirement s'améliorer.

Exercice : Vingt qualités et le contexte où tu les as mises en valeur

Exemple : Généreuse. J'ai accepté de reconduire la fille de mon amie à l'aéroport.

1.

2.

3.

4.

5.

6.

7.

8.

9.

10.

11.

12.

13.

14.

15.

16.

17.

18.

19.

20.

CHAPITRE 6

La vraie aventure

Avant de poursuivre dans un rythme effréné de prises de conscience plus folles les unes que les autres, j'aimerais t'offrir un miroir. Je ne sais pas si tu as pris le temps de faire un constat de toi et de ta vie depuis le début de ta lecture, mais je suis persuadée qu'il y a déjà des choses qui ont changé. Eh oui, sans vraiment t'en rendre compte, ton inconscient a retenu ce qui vient de se passer en lisant. De nouvelles connexions neuronales ont commencé à naître dans ton cerveau sans même que tu en aies conscience. N'est-ce pas assez *beautiful* ça? Tu fais déjà partie de l'aventure, que tu le veuilles ou non ma chère, car même si tu résistes et que tu mets toutes ces nouvelles informations dans une boîte de Pandore barrée sous clé dans un racoin de ton cerveau, un jour ou l'autre, une circonstance va faire en sorte qu'un pop-up va se produire et celle-ci s'ouvrira d'un seul coup!

Souvent, pendant que nous sommes en processus de changement, nous ne réalisons pas tout le chemin parcouru au fur et à mesure. Encore souvent, le plus gros du travail que j'ai à faire avec une cliente est de lui refléter à quel point elle avait mis la hache dans toutes les sphères de sa vie et, surtout, à quel point elle a dorénavant une hyper belle conscience de l'extraordinaire personne qu'elle est, en plus de son manque d'estime devenu inexistant! Comme à chaque fois, je suis émerveillée d'être témoin d'une si magnifique transformation, de chenille à papillon. *My god* que l'être humain est tout simplement incroyable!

Maintenant que nous avons passé à travers #workyourshit ensemble, je peux confirmer que nous sommes devenues intimes. Plus tu lis, moins tu es sur tes gardes, plus ta confiance grandit et plus tu deviens comme du beurre température pièce. En effet, lorsque mes clientes sont *all-in* de sauter à pieds joints dans leur vulnérabilité et d'y nager sans même à avoir à boucher leur nez, j'affirme qu'elles sont comme du beurre température pièce, soit facilement *coachable*.

Tu es prête pour la vraie aventure, celle qui donne des vertiges et qui te fait redouter tes pires peurs. Tu dois savoir que la plus grande peur que j'ai observée chez mes clientes dans les dernières années est celle de réussir. Oui, oui tu as bien lu. Pas celle d'échouer, celle de réussir. Échouer, tout le monde sait ce que c'est puisque nous sommes toutes prises avec des standards à atteindre et des jugements. Nous avons appris à gérer ces peurs lorsque nous n'atteignons pas nos objectifs. Mais réussir est une autre paire de manches. La plupart d'entre nous avons été éduquées comme ceci : nous ne pouvons pas avoir tout facilement et le mériter. Dès notre plus jeune âge, nous sommes préparées à vivre l'échec. Tu sais quand tu baignes dans un environnement où tu entends : « L'important, ce n'est pas de gagner, mais de participer. L'important, c'est de se relever. L'important, c'est de profiter du voyage, pas seulement de la destination. » Cela fait que tu développes de la résilience et beaucoup d'autres valeurs exceptionnelles, j'en conviens. Cela fait également que ton feu sacré pour te permettre d'atteindre des succès exceptionnels et de vivre de grandes choses à la hauteur de qui tu es n'a peut-être pas été bien entretenu…

La peur de réussir vient toucher une toute autre corde sensible. Je me rappelle encore l'année dernière lorsqu'une de mes clientes régulières m'a demandé une consultation en urgence. Par le passé, nous avions beaucoup travaillé sa relation amoureuse, qui avait été des plus tumultueuses : un conjoint qui part après l'arrivée du deuxième bébé, admettons que ça brasse les affaires un peu. Elle s'installe dans mon bureau avec un questionnement, mais cette fois-ci, ça se passe au niveau professionnel. Elle travaille depuis plusieurs années dans le domaine de la santé et a récemment obtenu le poste qu'elle avait toujours convoité. Après quelques mois seulement, elle réalise que les conditions de travail qui viennent avec les responsabilités sont loin de ce qu'elle avait imaginé et pourtant rêvé depuis si longtemps. Cela ne lui convient pas du tout, surtout qu'elle travaille tellement et n'a pas la qualité de vie qu'elle voudrait avoir avec ses enfants. Et là, elle voit passer une opportunité d'acheter une franchise d'une bannière qu'elle adore. Elle ne connait rien au monde des affaires, mais s'essaie et est finalement sélectionnée par le franchiseur. Elle trouve facilement du financement et un local, en fait c'est tellement facile qu'elle vient me consulter pour être certaine qu'elle fait le bon choix. Vois-tu, de l'extérieur, il est évident qu'une occasion en or s'offre à elle! Tu te dis peut-être, amène-moi en des situations difficiles de même! Mais quand on est dans l'œil de l'ouragan, ce n'est pas toujours aussi clair, net et précis. On a beau tourner la situation dans tous les sens, la faire connecter à sa mission, ce qui fait le plus peur, c'est la peur de réussir.

Changer et accéder au succès vient avec quelque chose que tout le monde n'est pas prêt à assumer : la responsabilité. Une fois que tu reconnais ta valeur, que tu admets mériter du succès, que tu te responsabilises, eh bien à qui revient la responsabilité des hauts sommets que tu fais miroiter à ton entourage? Toi. Si tu te donnes une faible valeur, tu n'as pas grand-chose à accomplir pour te donner un *highfive*. Tandis que si tu vises le top de l'Everest, tu vas devoir mettre tout en place pour y arriver. Par exemple, si ton objectif est de te faire engager chez McDonald's versus diriger un empire, ça vient avec un niveau différent de responsabilités. Dans ton empire, tu seras responsable des conditions de travail de tes employés, de faire en sorte qu'ils aient toujours un emploi, etc. Vois-tu ce que je veux dire?

À partir de maintenant, ça ne sera plus jamais pareil. Plus jamais comme avant. Une fois qu'on a commencé notre aventure sur le chemin de la conscience, nous ne pouvons plus vraiment arrêter. Je dis « plus vraiment » et non « plus jamais » par exprès, car j'ai une amie qui avait commencé un processus de croissance personnelle il y a quelques années, elle faisait le grand ménage. Passant par prendre soin de sa petite fille intérieure qui souffrait depuis tellement d'années jusqu'à solidifier la confiance de la femme en elle. Son processus l'a menée à remettre son couple en question. N'aie pas peur, ça ne fait pas ça pour tout le monde. Par contre, si tu *upgrade* ton niveau de bien-être intérieur par quelque moyen que ce soit, les autres sphères vont avoir tendance à vouloir suivre le tempo, inévitablement.

Par exemple, quand j'ai commencé à faire du travail sur moi, ce n'était pas vraiment pour moi-même. Comme tu sais, j'ai consulté pour la première fois en PNL à l'automne 2012, car ma fille de deux ans s'arrachait les cheveux sur la tête. Le constat de cette rencontre a été que j'étais en dépression et mon ex-conjoint en burn out. Ce jour-là, j'ai vécu ma première prise de conscience. Pour la première fois, une personne à l'extérieur de mon cercle, une parfaite inconnue on va se l'dire, a mis des mots sur ce que je vivais, ce que j'étais incapable de faire. Les actions que j'ai mises en place à partir de ce jour n'ont été sur personne d'autre que moi. Je venais de réaliser que si moi j'allais bien, mes filles allaient bien aussi. J'ai donc débuté ce processus par prendre soin de ma petite fille intérieure, me construire une estime et une confiance en moi, faire le ménage dans mes relations, m'aligner professionnellement et finalement amoureusement. Ça semble beaucoup de changements et ça ne veut tellement rien dire par rapport à ce que tu vas vivre. Je ne me connaissais pas vraiment. Donc en apprenant à me connaître, plusieurs changements se sont faits afin d'arrimer ma vie avec qui je suis.

Mon amie avait entrepris de faire un grand ménage du printemps dans sa vie et elle s'est fait prendre à son propre jeu. Au début, tu penses qu'il n'y a qu'un seul truc désaligné. Tu te dis qu'une fois qu'il sera aligné, tu vas être OK. Mais si tu te rappelles ta roue de la vie au chapitre un, si c'est la première fois que tu fais une telle démarche, il y a de fortes chances que plusieurs sphères aient besoin de se faire brasser la cage un tout p'tit peu ! Cette amie, plus d'un an après avoir débuté sa démarche, n'en pouvait plus de toujours trouver quelque chose qui la dérangeait dans sa vie. Elle s'est consultée (ben quoi, j'fais souvent ça moi aussi!) et elle a pris la décision de se mettre en phase de statu quo face à son processus, puisqu'elle se disait satisfaite. Elle ne se posait plus de questions, ne faisait plus de liens avec rien, elle profitait du moment présent. Dans son couple, ça allait tout de même bien et avec ses enfants également, mais professionnellement elle n'arrivait pas à se sentir épanouie. Deux ans plus tard, elle a refait surface dans l'une de mes formations. Cela lui a fait tellement de bien, qu'elle s'est promis de ne plus jamais fermer la boîte de Pandore qui contient ses besoins, ses valeurs, qui elle est vraiment au fin fond d'elle-même. Ce n'est pas toujours facile de vouloir faire différent quand notre famille et notre conjoint nous regardent avec leurs yeux de grenouilles en nous disant qu'on a un problème à tant vouloir être heureuse. Qu'eux, ils ne font rien de spécial. Juste peser sur *replay* chaque lundi matin et faire ce qu'ils sont censés faire. Arkkkk! Feeling de nausée assuré pour moi! Ce n'est pas tout le monde qui a ce besoin de connecter avec sa mission de vie, de découvrir qui ils sont vraiment et de refaire le monde. Et c'est ben correct ainsi. Mais toi, tu dois prendre ce facteur en considération. Ne pas te laisser décourager par les commentaires déplaisants. Je sais, avoir un conjoint qui ne supporte pas notre démarche, ce n'est vraiment pas évident... PNLise-le sans qu'il s'en rende compte! Ben non, c't'une blague! Comme nous disons mes étudiantes et moi nous les aimons bien ces moldus, ils nous font bien rire.

Évidemment, il se peut que tu rencontres des moments de découragement lors de ta quête du bonheur. Ça peut se produire lorsque tu entreprends ce genre de démarche, que tu décides de te choisir, de te respecter, de dire non, de recevoir, d'être. Tu fais tout le nécessaire pour instaurer les changements désirés et voilà que ça ne se passe pas comme tu le souhaites. En fait, ça ne se passe pas comme tu veux et aussi vite que tu le veux. Lorsque nous mettons des choses en place pour agir différemment, cela nous demande de sortir de notre zone de confort et souvent une bonne dose de courage. Nous devenons très inconfortables, jusqu'à ce que l'on s'habitue à cette nouvelle zone et qu'elle devienne confortable à son tour. Lorsque nous vivons des moments d'inconfort et de confusion, c'est que le changement est en train de se passer. Tu te dois de tenir bon et de rester focus sur ce que tu veux vraiment. Sans ça, c'est pratiquement certain que tu vas revenir à tes anciennes habitudes. Alors ne mets pas trop d'attentes sur le comment et le quand le changement va se faire, aie confiance en toi et au processus. Une chose est sûre, si tu ne te sens pas bien, c'est que le changement est déjà là. Tu as déjà provoqué le statu quo pour que les choses bougent.

Un jour je n'allais vraiment pas bien. Lorsque ma coach m'a demandé pourquoi, je lui ai expliqué que je n'avais plus de repères, que je me sentais complètement dans le néant. Ce que j'essayais de mettre en place dans ma vie, je ne connaissais personne près de moi qui avait réussi ce pari. Elle, de me répondre en riant : « Depuis quand ce n'est pas dans le néant que tu performes le mieux? » Depuis ce jour, j'ai appris à mieux apprivoiser ces moments d'inconfort parce qu'ils sont ma récompense du fait d'avoir osé faire les choses différemment comme jamais auparavant. Maintenant, je cours après ces inconforts, car je sais que de l'autre côté, il y a toujours quelque chose de plus extraordinaire et parfait pour moi qui m'attend. Je l'avoue. Je suis devenue une #accrodinconfort. Voici ce qui t'attend si #tesgame. Et si tu ne me crois pas, je l'espère même. Ne me crois pas, teste-le!

T'ES PAS GAME

CHAPITRE 7

Ne me crois pas, teste-le

Dans la vie, plusieurs personnes, de par leurs expériences, nous partagent leur façon de faire les choses, quelle que soit la situation. Ces personnes nous suggèrent des avenues possibles et nous conseillent sur ce qu'elles feraient ou pas dans notre situation. As-tu quelqu'un en tête? Une personne « je connais tout »? Parfois ça peut un peu (beaucoup) nous taper sur les nerfs! Nous savons qu'elles le font avec une bonne intention, parce qu'elles nous aiment et qu'elles veulent notre bien. C'est juste qu'en tant qu'être humain, nous sommes une personne unique et chaque petit détail, comme les croyances, les expériences, la personnalité, etc., vont venir influencer la perception de la réalité de chacun d'entre nous. Nous pouvons partager notre propre expérience, mais il n'y a aucune chance que deux situations se passent exactement de la même façon en générant exactement les mêmes émotions. Sauf, si une personne (avec *full* de bonnes intentions) nous a partagé son expérience et qu'à partir de ce moment, c'est aussi devenu une possibilité existante dans notre carte du monde. Comprends-tu ce que j'essaie de t'expliquer?

Anecdote

Prenons l'exemple d'une de mes clientes qui est professeure de yoga. Elle était une fonctionnaire qui s'est renouvelée en prof de yoga et avait les aspirations d'un jour vivre de sa passion. Arrivée à son dernier cours de certification, son enseignante de yoga leur annonce que maintenant qu'ils sont diplômés, ce n'est surtout pas le temps de quitter leur emploi régulier. BAM! Elle venait d'ajouter la possibilité à ses étudiantes que ça serait difficile de se créer une job de rêve comme prof de yoga. Pourquoi a-t-elle fait ça? Pour nuire et démoraliser ses étudiants? Non. Elle voulait simplement leur éviter de passer par où elle était elle-même passée, donc leur éviter toutes les embûches qu'elle avait pu connaître et leur permettre justement de vivre une expérience plus agréable que la sienne.

Ça se peut que tu suives le chemin suggéré et c'est OK! Nous ne sommes pas toujours obligées de réinventer la roue comme on dit. C'est comme revenir temporairement à l'adolescence... Une adolescente a cru tout ce qu'on lui a dit toute son enfance. À l'âge de 13-14 ans, elle commence à douter de tout ce qu'on lui a enseigné. Et cette phase fait vraiment partie du développement de sa propre personnalité. Son bagage comprend certaines croyances et valeurs qui proviennent du milieu où elle grandit. Elle va explorer le monde afin de valider si celles-ci font du sens pour elle. Évidemment, cela se passe de toutes sortes de façons influencées par l'environnement qui l'entoure. Une ado peut explorer et se sentir en sécurité de le faire. Elle sait que ses parents sont ouverts et que s'il lui arrive quoi que soit ou encore si elle vit une expérience plutôt difficile, que quelqu'un est là pour elle, pour l'écouter sans la juger. Elle peut également explorer en mode rébellion, car elle sent, à l'intérieur d'elle-même, qu'elle a des barrières à briser. Enfin, elle peut ne pas explorer. Cette inaction peut retarder l'apprentissage d'elle-même et faire naître un sentiment d'inconfort.

Moi, j'ai gardé ce p'tit côté rebelle de l'adolescence où dès que quelqu'un me dit quoi faire et comment faire, automatiquement je cherche à faire tout le contraire. Je ne te dis pas que c'est une super belle qualité, car souvent ça me met en état de résistance et ça n'a pas nécessairement lieu d'être. Que d'énergie gaspillée! Ça fait tellement partie de moi que lors de mon dernier voyage d'affaires, nous sortions du restaurant à la carte où toutes les participantes étaient présentes et comme tout le monde semblait prendre l'option d'attendre le *shuttle*, le mini autobus de transport qui nous ramenait à l'hôtel, une amie et moi avons décidé de partir dans l'autre direction et de revenir jusqu'au lobby en marchant. Deux personnes sur 30 à vouloir rentrer à pied dans le noir en n'ayant aucune idée du chemin à suivre. Nous n'étions pas en danger, nous étions dans un *resort* sécuritaire, mais il n'en demeure pas moins que de vouloir aller voir ce qui se cache à gauche quand tout le monde s'en va à droite peut devenir une grande perte de temps. Surtout quand l'option de droite a été testée et retestée par des millions de personnes avant.

Cependant, l'avantage c'est que j'applique cette rébellion dans mon entreprise et lors de mes coachings avec mes clientes, ce qui fait que j'arrive à leur faire vivre des *mindfuck* très puissants et à provoquer le changement comme jamais dans leur vie! Il y a toujours une infinie de possibilités par rapport à ce qu'elles vivent et c'est clair que la question « Pourquoi pas » » revient chaque fois qu'elles me disent : « Oui, ça l'air facile comment tu le dis, mais dans la réalité c'est autre chose… » Pourquoi ça ne serait pas facile dans la réalité? La vie, c'est loin d'être tout blanc ou tout noir. C'est une panoplie de dégradés et de possibilités. Je te confirme que de penser que tout est toujours blanc ou noir t'empêche d'avoir accès à toutes les opportunités de la vie et même d'avoir accès à tout ton potentiel. Donc, si c'est ton cas, si tu sens une résistance à essayer des choses, qui pour toi sont classées dans la catégorie *been there done that* « j'suis-déjà-passé-par-là-j'ai-tout-essayé-et-ça-n'a-pas-donné-de-résultats », je te conseille fortement d'être plus curieuse et de tester plus toutes les options qui s'offrent à toi. Lorsqu'on veut changer de *mindset* face à certaines choses, il y a parfois une partie de nous qui aimerait bien avoir une preuve à l'avance que ça va fonctionner, avoir la certitude que les choix sont les bons, les meilleurs pour nous. On n'a pas envie tant que ça de se planter et de se tromper. On veut s'assurer que la prochaine option est la bonne. À force de sortir de ta zone de confort et d'explorer, tu n'auras plus besoin de preuves parce que tu vas savoir qu'à chaque fois que tu t'écoutes et que tu fais un choix pour TE choisir, ça va l'faire! Quant à moi, je mets au défi la vie, l'univers, en me disant : « OK ça ne fait aucun sens de croire en tel truc, mais ça me fait vivre un feeling léger à l'intérieur alors je fonce. » Peut-être est-ce l'influence de mon p'tit côté bélier! Et si ce n'est pas ta façon d'explorer la vie, *it's really OK*! Je ne fais que te donner plusieurs suggestions et pistes de réflexion afin d'ouvrir ta carte du monde. Parce que ce qui arrive lorsqu'on met certaines choses dans un mode de statu quo dans notre vie, on vient qu'à créer le changement par urgence et non de façon proactive.

Par exemple, lorsque j'ai commencé à créer mon programme en coaching PNL, j'écrivais mes livres de formation et je les imprimais moi-même afin que mes étudiantes aient un livre en main. Cela me dépannait le temps que les livres passent par le processus de la mise en page, correction, graphisme, impression, etc. Un jour, je parle avec une amie de ce processus et elle me dit avec qui elle fait affaire pour ses impressions. Je réalise que cet endroit est plus flexible concernant les délais et est deux fois moins dispendieux que mon imprimeur. Yé! Je change donc d'endroit. Jusqu'au jour où il tombe beaucoup de verglas dans plusieurs régions du Québec, dont la mienne, causant la fermeture temporaire de l'imprimerie dû au manque d'électricité. Je dois encore une fois trouver une nouvelle solution et je finis par trouver une troisième imprimerie près de chez moi qui, la chanceuse, a de l'électricité pendant le verglas. Comment ça peut être mieux? Elle est moins chère que les deux endroits précédents pour la même qualité de service et de produit. *Jack pot*! Je ne suis pas en train de te dire que le but dans la vie, c'est toujours de payer le moins cher possible. J'aime bien payer pour la juste valeur de ce que j'achète. Je ne suis pas non plus en train de te dire de faire une recherche d'envergure pour chaque chose que tu fais dans ta vie afin de t'assurer que tout soit le plus optimal possible. Ce que je veux ici, c'est que tu prennes conscience qu'il existe une infinie de possibilités dans la vie pour tout. Et que ce n'est pas parce qu'une fois ou même plusieurs fois il est arrivé le même scénario que ça sera toujours ainsi. Lorsqu'arrive le temps de faire le bilan de toutes tes sphères de vie et que tu vis des inconforts dans certaines, tu peux te permettre d'ouvrir ta carte du monde et de tester plein de choses!

Un autre exemple où j'ai testé le truc, c'est avec le cas du TDAH (trouble de déficience de l'attention avec hyperactivité). Il existe plein d'études, de témoignages, de personnalités connues qui en parlent. Et si le TDAH était la normalité? Et si c'était d'avoir 42 000 idées en même qui était la « normalité »? Et si c'était d'être focus sur des milliers d'idées en même temps, de déranger par notre énergie ou que ce soit les autres qui reçoivent un diagnostic de platitude? On devrait alors leur donner un p'tit quelque chose pour les stimuler? Par le diagnostic de l'une de mes filles, j'ai eu le mien par la bande. Je n'ai jamais pris de médication quand j'étais enfant. Avec le temps, je réalise que j'ai développé des stratégies afin d'accomplir autant de projets dans ma vie! Comme mon fameux « clé lunette sacoche » : quand j'ai des idées ou des choses à ne pas oublier, je m'enregistre des messages dans mon cellulaire, je fonctionne avec un agenda en ligne et un autre papier, j'écris tout ce que j'ai à faire pour libérer mon cerveau. Je ne suis pas du tout en train de te dire que ce qui est bon c'est de prendre de la médication ou non, je n'ai pas d'opinion là-dessus. La seule opinion que j'ai c'est de mettre tout ce qui est en ton pouvoir afin d'être bien et de réussir tout ce que tu veux. Et si prendre de la médication en fait partie, ben c'est ça qui est parfait! Je sais, dans notre temps, aucun enfant n'était médicamenté pour cela et tout allait bien... Je serais curieuse d'aller voir les statistiques des enfants qui avaient la bougeotte plus que les autres, à quel point ils ont réussi à s'accomplir dans la carrière de leur rêve. Ben oui, il existe des milliers de choix de carrière. Ben oui, tu peux certainement en faire plusieurs où tu pourras t'épanouir. Moi je me dis, pourquoi pas essayer toutes les avenues possibles? Qu'as-tu à perdre et pourquoi ne pas t'offrir toutes les chances? J'ai déjà essayé la médication quelque temps et je me trouvais plate. Pas moi-même. Faut dire que lorsque j'en ai fait l'essai, cela faisait déjà plus de 30 ans que je fonctionnais d'une autre façon! C'est vrai que si je pouvais être hyper focus sur une chose à la fois, je récupèrerais une tonne d'énergie pour faire autre chose plutôt que de gérer mon cerveau pour mener à terme mes projets, mais comme j'ai aussi un surplus d'énergie, je suis extrêmement satisfaite du résultat, de tout ce que j'arrive à entreprendre en une seule année et que j'arrive à terminer. L'une de mes filles prend de la médication pour aller à l'école. Elle arrive à écrire un texte d'une demie page en lettres attachées en 30 minutes. Sans médicaments, elle écrit presque le même texte, sur deux pages, en grosses lettres presque illisibles, en deux heures. Tout ça pour dire que nous avons essayé de l'aider à mettre en place des tonnes de stratégies avant d'arriver à la médication. Finalement, mon objectif principal est de préserver son estime d'elle-même. Donc, peu importe le moyen pour y arriver, c'est mon but ultime. Une personne qui croit en elle-même peut accomplir dans sa vie tout ce dont elle a envie . Je ne suis pas ici pour t'inculquer de nouvelles croyances déjà toutes faites. Mon objectif premier est de brasser tes croyances existantes et d'ouvrir tes perceptions juste assez pour que tu puisses te choisir et croire en toi et en ton potentiel *no matter what*, malgré tes barrières. Ne crois pas tout ce que tu lis, teste-le dans ta vie. Essaie des choses. Expérimente la vie même si c'est deux personnes sur 100 qui pensent que ce que tu tentes d'essayer c'est ça la bonne chose à faire. Et même si personne ne pense comme toi, fie-toi à ton intuition, *girl*!

CHAPITRE 8

Mettre la hache dans sa vie à coup de plume

La plupart des gens que je rencontre, qui ont fait de la croissance personnelle, de la consultation ou de la thérapie, me partagent une expérience douloureuse, intense. Ceux qui n'ont jamais fait d'introspection, en écoutant les démarches personnelles des autres, peuvent constater que ce n'est pas une aventure hyper plaisante. C'est pourquoi je comprends que plusieurs d'entre nous aient littéralement peur de faire cette fameuse introspection où on ne sait pas sur quoi on va tomber!

Et si je te disais que ce n'est pas obligé de se passer comme ça? J'ai eu des clientes qui ont fait des années de thérapie, oui oui des années, tu as bien lu! Peut-être même que c'est ton cas. Des années à faire le tour de ce qu'elles ont vécu avec leur père, leur mère, leurs expériences de vie, etc. Comprends-moi bien, je ne suis pas en train de dire que la thérapie n'est pas OK. Bon, peut-être un peu, mais certaines personnes ont besoin de ce genre d'approche et c'est parfait ainsi. Il y a des façons de faire pour tout le monde. Parfois, les années de thérapies de mes clientes font en sorte qu'elles sont maintenant du beurre température pièce pour moi. Et ça c'est vraiment génial! Mais il reste que oui, travailler sur soi demande de faire une certaine introspection. Je me répète, ce n'est pas obligatoirement un calvaire.

L'autre jour, j'assistais au lancement du livre *La fille qui flirte avec l'autre monde* (juge-moi si tu veux!) et l'auteure, Mélanie Hotte, a dit quelque chose qui a fait du sens pour moi, plus précisément que tout le monde court après sa mission de vie, croit en l'importance de trouver et d'être sur son X. Mais, en réalité, notre première mission devrait être celle de réellement se connaître. Ça fait tellement de sens! Comment peux-tu connecter et comprendre ta mission de vie, le grand pourquoi tu es sur cette Terre, si tu ne te connais pas toi-même? Se connaître et faire la paix avec notre passé devrait être la priorité numéro *uno*!

Lorsque les gens me racontent à quel point la « descente dans leur vulnérabilité » a été l'enfer, je ne peux m'empêcher de me dire, mais pourquoi?

Pourquoi se faire vivre ça? Dans le chapitre dix, où je t'explique l'utilité de tout ce qui t'arrive et de ce que tu vis, tu vas comprendre que nous allons chercher quelque chose d'hyper réconfortant dans le fait de souffrir et de trouver ça *tough* comme ça serait supposé l'être lors de cette démarche. Tsé travailler sur soi et guérir de ses bibittes, faire taire ses gremlins de façon *easy going,* on aurait-tu l'air de se prendre pour une autre pas à peu près? Et ça, comme tu dois commencer à le réaliser, c'est un conditionnement parmi tant d'autres, que nous avons adopté en tant que fier être humain de notre lignée. Souffrir pour être belle, souffrir pour être *top shape*, bucher pour avoir ce que l'on veut dans la vie et j'en passe. C'est la même chose lorsqu'un vit un deuil. Que ce soit la perte d'un être cher, une séparation ou autre, si l'on vit ça assez aisément, on va entendre des commentaires tels que : « Elle est dans le déni. Elle ne vit pas ses émotions, ça va la rattraper et là ça va faire mal. » Je comprends que ça fait mal perdre quelqu'un. Je ne dis pas le contraire. Mais je te pose seulement la question : « N'y aurait-il pas une infime possibilité que tout ça se vive autrement? »

Prends deux minutes pour vérifier si toutes les fois où tu as agi différemment des autres, as-tu eu droit à ce genre de commentaires, qui vient avec un regard qui veut tout dire?

Si tu viens de te dire : « Je ne peux pas faire cet exercice, je n'ai jamais rien fait différemment. », *oh my god* que je suis contente que tu sois en train de lire mon livre! Chacune d'entre nous est unique alors si on agit comme tout le monde (façon de faire justifier par toutes sortes de bonnes raisons), sommes-nous sensées se sentir WOWPATAWOW dans toutes les sphères de notre vie dis-moi?

Et comment se sort-on de cette espèce de salle d'attente où on attend que quelque chose arrive, où on attend de recevoir un signe de la vie ou de l'univers afin d'enfin faire le *move* que l'on souhaite faire depuis des mois, peut-être même des années? Comment met-on la hache dans notre vie au plus sacrant me demandes-tu?

En faisant exactement ce que tu fais en ce moment.

CHAPITRE 9

Pour se dépasser ou se réaliser, il n'y a NO EXCUSES

Ce chapitre est un flash que j'ai eu un dimanche soir de mars, alors que j'écrivais les précédents. J'suis d'même moi! Ça l'air que je suis le type de personne, qui, malgré ses efforts pour rester focus sur une idée, a plein d'idées de génie qui pop de partout. Ça te dit quelque chose?

Avant de poursuivre, tu dois savoir une chose sur moi. Je suis une personne que l'on pourrait décrire de « student ». Tu sais déjà que j'ai fait une maîtrise en biochimie. Ce que tu ne sais pas, c'est que dès mon enfance, les jeux de société m'allumaient, j'adorais l'école, la science et apprendre sur tous les sujets. Ce rôle d'intello que l'on m'a donné à ce moment-là (et que j'ai accepté *by the way*, mais nous reviendrons plus tard sur ces fameux rôles), m'allait vraiment bien et j'accepte encore de le jouer aujourd'hui. Je vais généraliser en écrivant ce qui suit, reste que c'est vrai dans mon cas. Parce que je m'intéressais à la science et que je passais tous mes étés à jouer à l'école, je n'ai pas développé de super aptitudes en sport. Je jouais au ballon chasseur en étant souvent la dernière choisie. Je jouais au kick-ball avec mes amis qui habitaient dans le même quartier que moi, mais sans plus. J'aurais vraiment aimé faire partie d'un club-école de sport. J'ai fait partie une année de l'équipe de basketball de mon cégep, mais *my god* que j'étais poche! J'avais du cœur au ventre et j'étais débordante de détermination et d'acharnement, sauf que je n'avais pas développé ces habiletés plus tôt dans ma vie.

Toute cette parenthèse pour t'amener au fait qu'en janvier 2017, au moment où ma famille volait en éclats, j'ai décidé de reprendre ma santé en main. Ça allait tellement mal dans ma vie, que je me suis dit que rien ni personne ne pourrait me l'enlever. Faut que tu saches que je suis comme la majorité des femmes qui ont eu des enfants. Après mes trois filles back à back en cinq ans, je me suis retrouvée avec 30 livres au-dessus de mon poids santé et un cardio médiocre. Résolution de début d'année : « *Let's go* pour le *work-out* à la maison! » J'ai réussi à m'entraîner tous les jours de janvier à avril en modifiant également mon alimentation. J'ai perdu 26 livres, repris 5 livres que je maintiens facilement depuis. Ce dont je veux te parler ce n'est pas une question de poids ni te faire la morale sur ce qui est bon ou non pour toi, pour ta santé. Tout le monde sait que bouger et bien manger c'est ça la clé. Ce que je veux te partager, c'est que dans la vie, on est plus loyales envers les autres qu'envers soi. On prend des engagements envers notre famille, nos amis, nos enfants plus que pour soi. C'est pourquoi, ce fameux 1er janvier 2017, j'ai décidé de faire comme la majorité d'entre nous, c'est-à-dire un *deal* avec moi-même, de reprendre ma santé en main et de me remettre en forme. Une des résolutions les plus choisies, mais également la moins tenue! Car il ne s'agit pas de faire les choses, mais bien de prendre soin de ce qu'il y a en arrière ce que l'on vit afin de finalement faire réellement bouger les choses.

J'ai débuté avec la première vidéo d'entraînement prête à *rocker*, parce qu'en plus de prendre ce genre d'engagement que personne ne tient, j'ai décidé d'ajouter un p'tit défi, soit de le faire seule à la maison. Je ne sais pas si tu as déjà commencé à faire une activité physique après avoir été sédentaire pendant plusieurs années, mais *outch* le corps et l'orgueil! Je n'étais pas capable de faire aucun des mouvements comme le montrait la fille à l'écran. Plusieurs pensées se bousculaient dans ma tête : « *My god* que je suis poche! » était certainement la principale. Comment ai-je pu me laisser aller à ce point? Je n'y arriverai jamais. Ce type d'entraînement n'est clairement pas fait pour moi. Pourquoi ne pas rester assise à rien faire, perdre du poids et me sentir en forme? Tsé! J'ai mal. À ce moment bien précis, entreprendre cette aventure ne faisait plus aucun sens. J'ai décidé de croire la madame dans ma télé, qui me disait en anglais : « It don't get easier, you get better. » Je me suis levée tous les matins à 5 h 30 pour faire bouger mon *body,* qui ne se plaignait pas tant à la longue d'avoir été oublié toutes ces années.

Le défi ce n'était pas tant de faire les exercices ainsi que les changements dans mon alimentation, mais bien de travailler mon *mindset*. Car malgré les résultats que j'ai eus après quelques semaines seulement, l'envie de passer une journée sans m'entraîner me travaillait énormément.

Petite parenthèse, la loi du focus affirme que ta réalité sera là où ton focus sera. Sérieusement, je suis certaine que ça existe sous un autre nom, mais je viens tout juste d'inventer cette loi-là! Si tu décides de mettre ton attention sur ce qui bug dans ta vie, c'est ce que tu auras. Des bugs.

Ainsi, parmi les différentes vidéos d'entraînement, je me souviens d'une en particulier où ladite madame qui, on va se l'dire, *gosse* quand même un peu avec son six packs d'abdos, me dit (oui je pense qu'elle me parle vraiment à moi, mais ça c'est un sujet de discussion entre ma coach et moi) : « Don't quit, you just quit on yourself. » Cette petite phrase toute simple que mon attention a captée instantanément, a également fait plusieurs liens avec qui j'étais. Le sens de cette phrase faisait échos avec ce que je vivais à cette période et finalement avec toute ma vie. Parce qu'elle n'avait pas tort la madame aux abdos d'acier. Si je décidais certains matins de m'assoir et de ne pas m'entraîner, qui ça dérangerait? Et quand cette simple phrase est venue percuter mon *mindset*, une voix de feu dans ma tête s'est mise à grogner que tous ces efforts je les faisais pour MOI. Rien n'y personne ne pourrait m'empêcher d'être *top shape*, surtout pas moi!

Vois-tu, nous sommes notre plus grande limite face à nos objectifs et aspirations. Par manque de courage et d'engagement. Oui, je t'annonce que tu manques de courage par moment dans ta vie. Le courage de te choisir, de te mettre en priorité, de mettre tes limites, de t'honorer. Et tu le sais très bien. Pourquoi fait-t-on ça? Par peur. Peur de se tromper. Peur d'avoir l'air égoïste. Les gens qui nous entourent et qui ne se priorisent pas dans leur propre vie vont avoir tendance à nous juger si on le fait, *just saying*. Peur de réussir. Peur de ne pas mériter tout ce succès.

Attache ta tuque avec de la broche, je suis sur le point de te partager une grande révélation : nous méritons tout ce que nous désirons. Point. Peu importe ce que tu penses de toi, peu importe si tu penses que c'est ton égo qui te fait dire que tu es *fucking* ça coche et que pour ça tu mérites tout l'or du monde, c'est ça pareil. Personnellement, tant qu'à vouloir tout l'or du monde j'irais pour des lingots. C'est plus facile à ranger, mais bon, tu fais comme tu veux!

Rendue à un certain point, je me suis dis *fuck it*, je reste assise et je ne fais rien, personne ne le saura jamais. C'est là que j'ai eu tort, parce que MOI je le saurais. Et savoir que je me serais laissée tomber, encore une fois, venait chercher en moi cette force et cette détermination titanesque qui me permettaient de continuer. C'est à cet instant bien précis que j'ai décidé de faire un pacte avec moi-même. Plus jamais je ne me laisserais tomber. *NO EXCUSES.*

Je me suis donc levée tous les jours pendant quatre mois pour suer ma vie. Ensuite, j'ai continué à m'entraîner, mais de façon plus sporadique et aujourd'hui j'ai enfin découvert mon précieux! Comme je te disais au début du chapitre, je ne suis pas ce qu'on appelle une sportive née. J'ai pourtant essayé plusieurs sports et je les ai même aimés! Mais question performance, admettons que ce n'est pas là que je mettais toutes mes attentes. J'ai adoré le ballon chasseur au primaire, au secondaire je me suis déjà inscrite à une activité où on faisait un 48 h de sport, j'ai pris des cours de plongeon au cégep, puis fait l'équipe de basketball, pratiqué le yoga pendant des années. Pour une intello, on ne peut pas dire que je n'ai pas essayé!

C'est seulement ces derniers mois que j'ai enfin trouvé mon sport. Après 38 ans, il était temps! J'ai goûté au cross-fit et j'en suis devenue accro! Je ne sais pas si tu connais, de mon côté ça faisait des années que mes amies m'en parlaient et la seule pensée qui me venait en tête était *what the fuck*! Qui, de normalement constitué, pouvait vouloir se faire mal à ce point? Désolée pour mes amies en question, mais bon, c'est la vérité. C'était lors d'une activité de réseautage que j'avais organisée avec ma co-VP dans le cadre du Réseau des Mères en Affaires. Je sais, j'aurais dû normalement me douter que c'était ça l'activité, mais je pensais qu'on s'en allait dans un p'tit gym de femmes avec des elliptiques et des tapis roulants. En entrant dans le gym, il y avait seulement un genre de montage de barres de métal tout au fond. Je me suis dit : « Ah non, on va devoir suivre un entraîneur en avant qui fait des mouvements de *work-out*. Fudge. J'ai aucune coordination! » J'étais loin de me douter de ce qui allait m'arriver. Finalement, le *cross-fit* c'est de faire plein de mouvement de cardio et de musculation de façon très diversifiée. Oui, c'est *tough*. Oui, ça va toujours être *tough*. Mais ce qui m'est arrivé ce jour-là, après l'essai d'une heure, c'est que mon cerveau (mon gremlin) me disait : « Ne fais pas ça. Ne t'embarque pas dans des paiements récurrents de gym que tu ne tiendras pas. C'est beaucoup trop difficile. Tu ne seras jamais capable de tenir le coup. Tu vas te blesser. » Et mon corps criait de toutes ses forces : « C'est ça que je veux faire! C'est ça que j'ai toujours voulu faire! J'ai enfin trouvé la façon facile de me tenir en forme! » Et depuis ce temps, j'y vais tous les deux jours. Yes madame!

Le *cross-fit,* c'est la discipline même du *NO EXCUSES*. Quand tu es dans le gym en train de faire tes *rounds*, tu n'as pas le temps de penser à *choker*. Tu te redresses et tu fais ton 50e *burpees* d'affilée. Quand je sors d'un entraînement, je suis gonflée à bloc de courage, de détermination et je transpire la fierté par tous les pores de ma peau. Je suis fière de tenir mon engagement envers moi-même. Je suis fière de me dépasser. Je suis fière d'accomplir des choses que jamais en cent ans je n'aurais osé imaginer accomplir. Un mois après avoir commencé le *cross-fit*, je me rappelle avoir eu les yeux remplis d'eau en faisant mes derniers redressements assis. C'était la première fois que je réussissais à terminer la routine demandée avant la fin du chrono.

Toi, fais-tu ce genre d'actions qui te pousse à faire des choses que tu n'aurais jamais imaginé et qui te rendent fière de toi? Prends-tu ce genre d'engagement envers toi-même?

Bon, je suis désolée de te dire ça, mais je ne vis jamais d'échecs... Parce que ce ne sont pas des échecs, mais bien des leçons et des apprentissages! Les seules fois où je n'atteins pas mes objectifs, comme respecter mes vœux de mariage à la vie à la mort, c'est parce que j'ai ajusté mon objectif ou que j'ai jugé qu'il y en avait un meilleur pour mon bonheur. Pas parce que c'était trop difficile. Pas parce que c'était impossible. Quand je décide que je veux accomplir quelque chose, que ce soit dans ma vie personnelle tant que professionnelle, rien ne va m'empêcher d'y arriver.

Je me dois de faire une petite parenthèse ici. Je suis assise dans mon *lazy-boy* préféré (j'peux pas croire que c'est la première fois que je te parle de lui!). Ce sofa-là, j'y pose mes fesses depuis plus de neuf ans, soit avant la naissance de ma première fille. Je les ai allaitées et endormies sur ce sofa. Installée confortablement, en pyjama avec ma robe de chambre vieux rose, passé 23 h, je me demande comment je vais arriver à écrire ce livre, en plus de tous mes livres de formation PNL en même temps et c'est là que j'ai un flash! Si j'ai décidé que j'allais écrire un livre sur la croissance personnelle pour les femmes en urgence de vivre d'ici juillet, *deadline* que m'a donné mon éditrice, il n'y a rien ni personne qui pourra m'en empêcher. Surtout pas moi. Je me connais bien maintenant comme auteure. Je sais combien de temps j'ai besoin pour écrire et dans quelles conditions je préfère le faire. J'ai donc décortiqué les semaines qui me restaient d'ici la date de remise et le nombre de mots que je devais avoir écrit par semaine. Je sais que je carbure aux défis et à l'adrénaline. Alors, je sais qu'à la fin de la semaine, si je n'ai pas atteint le total de mots prévus, je vais clancher ça en une soirée!

Est-ce que tu te connais suffisamment pour choisir des stratégies gagnantes selon ta façon d'être et de fonctionner? Est-ce que tu te connais assez pour appliquer des actions qui vont automatiquement te faire briller? Ou es-tu plutôt du genre aléatoire, on verra ce que ça donnera?

Tu dois rapidement réaliser que comme tout est un choix, tu décides ce que tu veux, ce que tu obtiens, si tu l'obtiens avec facilité ou non et ce qui va t'empêcher ou pas de réussir.

CHAPITRE 10

Le cadeau qui fait mal ou en quoi c'est utile?

Rares sont ceux et celles qui n'ont jamais vécu ce scénario : il t'arrive une *badluck*, quelque chose de vraiment plate. Tout à coup, tu te sens envahie d'une sensation de total découragement. Pas nécessairement parce que ce quelque chose est méga catastrophique, mais peut-être la goutte qui fait déborder le vase. Comme préparer tes filles pour leur cours de ballet un lundi soir, (pourquoi ne pas ajouter une activité un soir de semaine question d'être vraiment dans le jus et de maintenir le *beat* effréné de ta vie quotidienne?). Tu réalises, après les avoir habillées en *suit* d'hiver et avoir géré les obstinations et qu'elles sont ENFIN assises et attachées dans l'auto, que tu as perdu ta clé quelque part et que tu n'arrives pas à la trouver. Non, mais tsé! Elle était dans ta main, il y a à peine cinq minutes et évidemment, au moment de partir, quand tu en as besoin, aucun moyen de mettre la main dessus!

Tes gremlins arrivent en gang (au stade où j'en étais, ils s'étaient multipliés!) et crient : « O*** que tu n'es pas organisée, o*** que t'es une mauvaise mère, comment ça se fait que tu n'es pas capable de gérer une simple clé, comment ça se fait que tu n'as qu'un double de cette maudite clé, tout ce *rush*-là de retour d'école, souper, devoirs, leçons, changer les filles, etc. pour rien! Pour *fucking* rien! » Et là, tu appelles ton chum, découragée, en pleurant un peu au bout du fil et en lui disant plusieurs bouts de phrases incompréhensibles. Dans ta tête, tu as perdu le contrôle et ça dégénère : « Demain, je ne pourrai pas aller conduire les filles à l'école et à la garderie. Je vais manquer ma journée de travail et devoir reporter toutes mes clientes, etc. » Ton chum répond : « Ben *babe*, elle existe encore quelque part cette clé. Elle est assurément entre ton auto et l'appartement. Cherche-la! »

Je décide (parce que oui je te parle d'un cas vécu) d'abandonner l'idée d'arriver à l'heure au cours de ballet. La pression redescend tranquillement. Je me retrouve à récupérer 2 h 30 de mon temps pour faire autre chose et, *my god*, ça me fait du bien. Au moment où c'est absolument certain que même si je retrouvais cette satanée clé, cela ne vaudrait même plus la peine de me rendre au cours de danse, je retrouve ma clé. Réflexion faite, je m'en mettais trop sur les épaules, jamais je ne me serais écoutée parce que ça ne me tentait pas ou que j'étais fatiguée, jamais je n'aurais osé prendre la décision de ne pas aller au cours de ballet ce soir-là.

Tout ça pour te dire qu'il y a toujours une utilité, un cadeau, un héritage, un apprentissage, nomme-le comme tu veux, mais reste qu'il y a toujours un cadeau derrière ce que l'on vit. Et ça va même plus loin que ça. Il y a toujours un cadeau derrière l'attitude et le comportement de quelqu'un, une intention positive qu'on appelle en PNL. Et ça vaut également pour soi-même. Là je t'entends me dire : « Ben voyons, quand il m'arrive une *badluck* dans la vie, ça ne se peut pas que ça soit utile, je veux juste que ça ne me soit jamais arrivé. » Ce que je m'apprête à t'expliquer va, à partir d'aujourd'hui, tout changer dans ta façon de voir les choses et par le fait même, t'aider à te libérer de certains trucs pour lesquels tu te sens peut-être coupable en ce moment. La vérité, c'est que oui tout est toujours utile dans ta vie, dans ton système.

Ton système représente tout ce qui est interrelié de près ou de loin à toi. Ta famille, tes amis, ta belle-famille, tes enfants, ton conjoint, ta situation financière, ton travail, ton stress, ton voisin qui passe la tondeuse à 7 h du matin un samedi, ton ex, la caissière à l'épicerie, etc. Cela comprend tout ce qui te touche et qui a une influence à petite ou grande échelle sur ton humeur, sur ton *mindset* et même sur la perception que tu as de la vie!

Faisons un petit un exercice. Prends une situation qui a été désagréable pour toi dans les derniers jours ou semaines et demande-toi en quoi cela a été utile? En quoi ça été utile de pogner un ticket de vitesse hier? En quoi c'est utile que ma fille ne fasse pas encore ses nuits? En quoi c'est utile que mon collègue de travail me tape autant sur les nerfs? En quoi c'est utile que mon conjoint ne s'implique pas plus dans les tâches ménagères? Tu peux te poser cette question avec tout ce qui te gosse en ce moment dans ta vie. Cela signifie que tout ce qui te gosse en ce moment t'est utile à quelque chose.

Tu es une fille intelligente. Si les trucs désagréables que tu vis en ce moment n'étaient vraiment pas utiles, ils ne feraient pas partie de ta vie. Et c'est là que ça commence à être intéressant et qu'arrive la possibilité de la transformation. Comme mon exemple de la clé, en quoi à ce moment ça m'a été utile de perdre ma clé, de pogner les nerfs? Pas sure que ça s'écrit, mais en quoi ça été utile de péter les plombs? De réaliser que j'étais loin de m'écouter, de me respecter, de me laisser assez de temps pour prendre soin de moi au quotidien et que j'avais besoin de cette soirée pour relaxer.

Lorsque j'enseigne à mes étudiantes cette façon d'accompagner leurs clientes, c'est la partie la plus difficile à faire. Et cela peut être encore plus dur lorsqu'on n'a pas de recul, qu'on est pris émotionnellement dans la situation et qu'on essaie de trouver l'utilité de la marde que l'on vit seule, avec soi-même comme *feedback*. Si tu rush ta vie à trouver une utilité à ce que tu as vécu de *tough* dernièrement, c'est normal. Mais je tenais à te partager cela, car c'est la seule et réelle façon de te sortir du cercle vicieux de la rumination de pensées qui aboutissent toujours à la même solution et qui ne te font pas de bien. C'est la seule façon de sortir de son mode de pensée et d'agir différemment. Aller chercher le cadeau ou l'utilité d'une situation permet à notre cerveau de créer une nouvelle connexion neuronale qui va donner un nouveau sens à celle-ci. Idéalement, ce sens doit faire du bien, te libérer, te transformer. Une fois ce nouveau sens intégré, toutes ces pensées qui ne font plus de sens sont transformées. Transformation instantanée!

Voici d'autres exemples. Une cliente entrepreneure vient me consulter, car elle stagne au niveau financier. Elle a démarré son entreprise il y a quelques années et elle plafonne côté profits. Elle a beau changer de stratégie, travailler plus fort, travailler différemment, dès qu'elle fait un surplus d'argent, il lui arrive une *badluck* (sa voiture qui brise, son toit de maison qui coule, son ex-conjoint qui diminue sa pension). Peu importe le montant d'argent qu'elle arrive à générer, elle a toujours quelque chose d'inattendu qui lui arrive et fait en sorte que son budget finit *even* à la fin du mois. Elle ne manque jamais d'argent malgré tous ces imprévus, mais elle n'en accumule jamais, bien que certains mois représentent des records de ventes. Nous discutons un peu de sa situation financière et de celle de ses parents (pour l'argent on apprend toujours selon l'exemple que l'on a eu puisqu'il n'existe encore aucun cours à ce sujet pour faire notre éducation). Nous en arrivons à la conclusion que ses parents n'étaient ni riches ni pauvres, ils ne manquaient de rien, mais ils arrivaient toujours... et oui, *even*. Alors, je demande à ma cliente, en quoi c'est utile d'arriver *even* au niveau de son budget? Bien sûr, elle me répond : « À rien, ça ne sert à rien! Ce serait beaucoup plus plaisant d'avoir des surplus et de ne pas avoir à tricoter à la fin de chaque mois. » On se met alors à *brainstormer* à propos de l'utilité de cette situation. Qu'est-ce qui, d'être arrivé juste financièrement toute sa vie jusqu'à aujourd'hui a bien pu lui apporter de WOWPATAWOW dans sa vie?

Je reviens avec l'importance du WOWPATAWOW. Lorsque tu cherches le cadeau de quelque chose il est super hyper important (je ne mettrai jamais trop d'emphase là-dessus) qu'il te fasse vivre un *feeling* de WOWPATAWOW à l'intérieur de toi. Comprendre que ce que tu as vécu à l'âge de quatre ans qui a été *tough* pour toi t'a permis d'être qui tu es aujourd'hui, ce n'est pas assez WOW pour moi. C'est non! Nous sommes toutes la résultante de tout ce que nous avons vécu dans notre vie. Ce que je cherche, c'est plutôt une qualité, une compétence, une façon de voir les choses uniques à toi. Que GRÂCE à cette expérience difficile ou même à cette succession d'expériences difficiles, tu as développé une force qui te sert. Il n'est pas toujours facile de trouver cette signification, car souvent cela demande de descendre au niveau de la vulnérabilité et de mettre notre ego de côté. S'avouer que nous n'avons peut-être pas fait les meilleurs choix par le passé, que nous n'avons pas choisi d'acheter les meilleures croyances pour nous aider, que nous avons fait du mieux que nous pouvions avec qui nous étions n'est pas toujours évident. L'idée est toujours de s'honorer dans tout ça, peu importe les conditions et, surtout, de ne pas se culpabiliser. De toute façon, en quoi ce serait utile? 😉

Revenons à ma cliente et ses complications financières. Elle et moi cherchons le cadeau de cette réalité et nous trouvons : cela lui permet de se sentir en sécurité. Tu vas me dire, mais comment arriver serrée à chaque fin de mois peut créer un sentiment de sécurité? C'est ce qu'elle a toujours connu! Sa famille n'a jamais manqué de rien, arriver *even* était s'assurer d'avoir suffisamment d'argent pour répondre à tous les besoins. La seconde où ce sens est arrivé et a pris forme au niveau conscient, terminés les problèmes financiers. À partir de ce jour, elle ne s'est plus jamais autosabotée et a pu accumuler de l'argent. Tu peux penser que ça semble insensé, trop simple, trop facile ou même de croire en la magie de penser que seulement en trouvant en quoi ça lui servait tout ça a fait en sorte qu'après tout a changé pour elle. Tiens-toi bien, car la magie ne fait que commencer.

Une autre de mes clientes vient me consulter pour un syndrome de l'imposteur. C'est la mode chez les entrepreneures. Tout le monde vit à un moment ou à un autre dans sa vie, ce fameux syndrome de l'imposteur. Peur de ne pas être à la hauteur. Peur de ne pas valoir assez pour toutes les aspirations auxquelles on veut accéder. Peur de ne pas être la bonne personne pour réaliser ses rêves. Je suis qui moi pour dire que je vais PNLiser le monde? Je ne suis qu'une fille qui provient de la campagne, qui a étudié la biochimie, qui a eu trois fillettes et qui a démarré son entreprise. Qu'est-ce que j'ai de plus que les autres pour m'octroyer le fait que je serai capable d'une telle chose? Tu vois, tout le monde l'a.

Ma cliente vient me voir pour ce type d'interrogations qui la tourmentent sans cesse. Je suis certaine que tu sais exactement de quoi je parle. Nous lançons des idées, encore une fois, à propos de ce que peut bien lui apporter ce syndrome de l'imposteur. Et on en vient à la révélation (wowpatawow) que cela lui permet de ne pas être déçue. En fait, elle se protège. En mettant la barre basse de ce qu'elle serait capable d'accomplir, elle diminue les attentes qu'elle a envers elle-même. Elle diminue les attentes que les autres peuvent aussi avoir envers elle. Elle ne déçoit jamais. Elle réalise aussi qu'elle est loin d'être dans son plein potentiel et qu'elle s'empêche de réaliser ses objectifs. Elle vit dans l'ombre de sa vie. Elle ne savait plus quoi faire ni où regarder pour comprendre ce qui lui manquait.

Tu vois que peu importe la réponse, plusieurs pourraient être nommées, l'important est de créer un sens pour la personne. De créer un sentiment qui se traduirait comme ceci en mots : « Ahhhh ouiiii c'est pour ça que j'ai vécu du rejet, de l'abus, de l'intimidation, etc. C'est exactement pour développer ou me donner l'opportunité aujourd'hui de vivre xyz. » Je suis consciente que la dernière phrase ne fait pas vraiment de sens et peut paraître irréelle.

Pourquoi cela fonctionne comme ça? Car l'être humain a besoin de sens. L'être humain a besoin de savoir que ce qui lui arrive, n'arrive pas pour rien. Il a besoin d'être rassuré, de savoir qu'il n'est pas juste né sous une mauvaise étoile, qu'il n'est pas oublié par la vie, que cela a sa raison d'être.

En passant, si tu te le demandais, ma clé était dans le sac d'accessoires de ballet...

CHAPITRE 11

La certitude inébranlable

Au fil des années, je me suis mise à analyser de plus près le processus par lequel passait mes clientes afin de vivre une libération avec un grand L. Tu sais, celle où tu comprends que tu es enfin déchargée du poids que tu portais sur tes épaules sans peut-être même savoir pourquoi. Celle qui te fait dire, *my god*, comment ça se fait que je n'ai pas pensé à ça avant? Comment j'ai pu endurer ça pendant aussi longtemps? Cet instant où tout ton être devient vraiment sûr qu'il est la bonne personne, au bon moment, qu'il vit la bonne chose et que jusqu'à présent, tout ce qu'il a vécu était pour l'amener à cet instant bien précis.

À l'automne 2018, j'offrais pour la première fois le tout premier cours que j'ai créé pour mon programme en coaching PNL. Il n'y avait que trois étudiantes, dont une qui suivait par vidéoconférence.

J'étais stressée. Beaucoup. J'avais peur de ne pas être assez préparée, peur que mon cahier ne soit pas à la hauteur, peur de ne pas avoir assez de contenu, peur d'avoir trop de contenu, etc. Je n'avais pas prévu de diapositives, car j'avais l'intention de faire ça de façon plus interactive avec un tableau. Je me rappelle encore ces premiers trois heures où je parlais avec une boule énorme à l'intérieur et ma tête ne cessait de me dire : « Qu'est-ce que tu es en train de faire là? Qui es-tu pour faire ça? Penses-tu vraiment que tu vas être capable de transmettre comment tu vois là PNL? » Comme tu peux voir, mon gremlin était de la partie!

Déjà la deuxième journée, ça allait mieux, ma boule de stress avait légèrement diminué. Je n'étais pas debout à l'avant pour expliquer les notions. Je n'étais même pas assise à mon bureau de prof. J'étais assise avec les trois étudiantes autour d'une même table pour enseigner. J'peux te dire qu'il y en avait encore des pensées qui me jugeaient : « Qu'est-ce que tu fais ici? C'est clair que tu n'es pas une vraie prof. C'est clair que tu n'assumes pas ton leadership correctement, que tu en n'a pas suffisamment pour faire ça... »

On s'entend que j'en ai vu des profs s'exécuter. Que ce soit à l'université, lors de mes formations PNL et même lorsque j'enseignais la chimie au cégep.

Jamais je n'avais assisté à un cours où l'enseignant était assis autour d'une table avec ses étudiants. *My god* que je me jugeais et que je me disais que je n'étais pas une bon prof. Je ne remplissais pas les critères de c'est quoi être une bonne prof. Lors de la troisième journée, je commençais à être un peu plus confiante et à voir les réactions des étudiantes, elles avaient l'air d'apprécier la formation et de vivre à plusieurs niveaux des *mindfuck*. Je suis une accro aux *mindfuck*. Tu sais quand les gens font cette fameuse face de chevreuil? Au Québec et ailleurs, cet animal risque de traverser la rue ou l'autoroute près des endroits boisés. Lorsqu'il le fait, il se peut qu'il arrête en plein milieu du chemin, hypnotisé par les phares de la voiture qui vient vers lui. Une personne qui est en train de créer un nouveau sens dans sa tête a le même visage figé lorsqu'il se crée une nouvelle connexion dans son cerveau et qu'une phase de confusion précède l'état de grande prise de conscience et de libération. À voir les *mindfucks* qui s'enchainaient chez mes étudiantes et à constater leur compréhension, j'avais alors commencé à croire que je faisais un minimum de bon travail.

Arrivée à la fin de la quatrième journée, je leur avais demandé à chacune de terminer la formation en me partageant ce avec quoi elles repartaient de plus significatif. Une fois terminé, je leur avais partagé mes impressions en toute honnêteté et transparence.

J'avais exprimé mes doutes, que je m'étais remise plusieurs fois en question, même si je croyais en mon programme. Et là, comme un éclair me traversant tout le corps, j'ai eu cette sensation d'être OK avec l'humain que je suis, d'être au bon moment à la bonne place et de faire exactement ce que je devais faire. Tu sais ce *feeling* qui te fait ressentir que tout ce que tu as vécu par le passé est dans le seul but de te rendre ici, maintenant. Pour tout te dire, à ce moment-là, j'ai littéralement vu ma vie défiler devant mes yeux et j'ai compris que j'étais à la bonne place. C'est ça, vivre la certitude. J'en conviens, cette situation racontée comme je viens de le faire, ça l'air un peu *weird* sur les bords. D'un autre côté, il n'y a pas de meilleure sensation au monde que de savoir que ce que nous sommes vaut totalement le coup et d'en n'avoir aucun doute. Avec le temps, j'ai constaté que cette certitude est partagée par mes clientes qui participent à ma formation VIP.

Depuis ce jour, je traîne avec moi cette sensation de certitude. Le méga *feeling* qui nous envahit, je l'ai vécu à 2-3 reprises l'année qui a suivi. Et maintenant, je me suis fait la promesse de m'assurer que toutes mes actions allaient me mener à vivre et confirmer cette certitude. Et je me suis donné comme mission que tu allais vivre cette sensation, si ce n'est déjà fait depuis le début de ta lecture.

AVERTISSEMENT

The gremlin

Certains appellent ça des *hamsters*, cet espèce de feeling que notre cerveau n'arrête jamais deux secondes de penser, mais c'est trop *cute* et inoffensif. Mis à part tourner dans sa roue, ça ne fait pas grand-chose. C'est quelque chose de plus agressif qui vit dans notre tête et qui représente notre mental... comme ces petites bêtes qui ont l'air toutes mignonnes et qui en fait sont plus malignes... Et j'ai nommé : les gremlins!

Tout le monde en possède, mais la plupart ignore comment les dompter, s'en débarrasser ou ignorer leur existence. Les gremlins habitent dans chacune de nos têtes et leur rôle est assez simple, soit être des juges mentaux suprêmes. Leur travail? S'assurer de semer le doute, et ce, dans toutes les occasions.

Ton gremlin, c'est cette petite voix sournoise qui se fait entendre lorsque tu es sur le point d'atteindre ton objectif. Quand tu y es presque, il te souffle tout doucement à l'oreille : « Et si ça ne marchait pas... Tu es naïve de croire que tu pouvais y arriver... Tu es naïve de croire que tu mérites plus que ce que tu as déjà. » Ah ce cher gremlin! Chez certaines de mes clientes, nous l'avons même surnommé affectueusement « *bitch* » intérieure, cette partie de toi qui te juge littéralement comme à ton jugement dernier. Ce que tu fais n'est jamais suffisant, n'est jamais OK. Ce gremlin est nourri par tes peurs, par tes croyances, par ce que tu perçois de toi et la valeur que tu te donnes.

Je fais vraiment le parallèle avec le film qui met en scène des petites créatures imaginaires qui ravagent une ville et qu'on appelle les Gremlins. Ils se multiplient avec une seule goutte d'eau. Évidemment! Ça ne prend pas grand-chose pour les nourrir. C'est pourquoi tu dois t'assurer de ne pas leur fournir cette goutte d'eau. Ne te laisse pas aller vers ce *dark side* dans ta tête, où ça risque de dégénérer. Sache également qu'ils ne disparaissent qu'à la lumière alors pas le choix de les sortir de ta tête pour t'en débarrasser une bonne fois pour toute!

Mon conseil à ce moment-ci est de prendre conscience de leur existence, d'accueillir le fait que tu te juges sévèrement, et sûrement très souvent, de ne pas te juger pour cela, de porter une attention particulière afin de faire quelque chose dès maintenant, car tu ne veux pas te retrouver dans Gremlins 2, la nouvelle génération!

CHAPITRE 12

Ma *vibe* point final

On entend souvent parler d'énergie : « C'était dans l'énergie. Changer d'énergie. » Qu'est-ce que ça te dit l'énergie? C'est souvent un concept flou qu'on adapte à toutes les sauces. Pour moi, ce qui est important que tu comprennes, c'est que TON énergie est sacrée. Maintenant, c'est quoi ça au juste TON énergie? C'est lorsque tu es vraiment toi-même et que cela fait en sorte que tu vis un moment de complète extase intérieure, qui te rend reconnaissante d'être qui tu es. Je ne sais pas pour toi, mais je reconnais cette énergie quand j'ai la sensation que mon cœur devient immense, que je suis envahie par une énergie très excitante et où je fais juste triper ma vie (le fameux WOWPATAWOW). C'est simple, non?

Comment faire pour savoir si ce qu'on ressent est notre énergie? Prends le temps de te connecter à la dernière fois où tu as ressenti cette gratitude d'être la bonne personne, au bon moment, au bon endroit dans ta vie. Ce n'est pas nécessairement lors de grandes occasions comme on serait tenté de croire (mariages, naissances, réussites professionnelles, etc.). Souvent ce sont ces petits moments où toutes les planètes semblent s'être alignées afin que tu te sentes remplie de légèreté et de plénitude. Il ne s'agit pas seulement de prendre conscience que tu vis un de ces moments parfaits. Parfois ça gonfle ta cage thoracique, sans que tu le veuilles. C'est ce *feeling*-là, ta *vibe*.

Ça peut être aussi simple que cette fois où je suis sortie d'un rendez-vous pour une manucure. Assise dans ma voiture, prête pour trois heures de route vers Québec pour y donner une conférence, je me rappelle m'être dis : « Je suis chanceuse de vivre cette vie. *My god* que je suis chanceuse d'être qui je suis! Je pourrais mourir aujourd'hui et je serais en paix. » Pas dans le sens que j'ai envie de mourir, évidemment. Tu comprends ce que je veux dire?

Ce même sentiment, cette même énergie, je les ai aussi ressentis en plein mois de janvier, un soir où j'étais seule avec mes trois filles. Immédiatement après le souper, nous avions décidé d'aller patiner et glisser au parc en pleine noirceur. Lorsque nous y sommes arrivées, nous avons constaté que nous étions les seuls quatre humains, le parc était juste à nous! Un moment donné, en haut de la glissade, juste avant de nous élancer toutes les quatre collées sur deux *crazy carpet,* un vent froid qui soufflait légèrement, au clair de lune, j'avais ressenti cette sensation incroyable de fierté d'être qui je suis, ce moment était parfait, je ne pouvais pas être plus heureuse!

Le plus intense de tous ces moments vécus jusqu'à maintenant est certainement cette fois où j'étais installée bien confortablement dans mon *lazy boy* en robe de chambre (*you know me*). Je visionnais pour la première fois le film *A star is born,* avec Bradley Cooper et Lady Gaga. Je savais déjà que je l'aimerais, je suis une adepte invétérée des films de filles! Évidemment, c'est le genre de films qui me parle aussi, puisque comme tu sais, depuis maintenant plusieurs années, j'aide le plus de femmes possibles à se connecter avec la magie en elles. Et je fais tout ça afin qu'elles vivent une vie complètement alignée avec qui elles sont vraiment. Donc, je savais que je serais touchée par l'histoire du personnage de Lady Gaga, mais je ne m'attendais pas du tout à ce qui s'est passé.

Pour te mettre en contexte, cette notion de connecter et de suivre sa *vibe*, je la mets en application depuis que j'ai lu le livre de Dain Heer, co-créateur *d'Access Conciousness*. Il y a un passage où nous devons prendre le temps de déterminer les fois où nous avons été vraiment nous, sans jugement, sans nous poser de questions.

Donc, je vivais ce super moment et tout le reste de ma soirée se déroulait à merveille jusqu'à ce que j'arrive au moment du film où Jackson invite Ally à chanter sur scène avec lui, un moment hyper émouvant. Normalement, j'aurais versé quelques larmes, mais cette fois-là j'ai reçu un éclair direct dans le cœur et je me suis mise à brailler ma vie. Tsé quand on pleure tellement qu'on n'a pu de sons qui accompagnent nos larmes?

Comme tu le sais maintenant, rendue dans cette partie du livre, je travaille depuis plusieurs années à faire de ma *business* un empire. Je veux PNLiser le monde, je veux accompagner le plus de femmes et d'êtres humains possibles à être heureux dans cette vie qui est la leur. Mais ce que tu ne sais peut-être pas, c'est que j'aspire également à être vraiment *big*, à générer des millions de dollars avec ma *business* et réinventer le monde. Je crois en moi, en mon potentiel et je sais que j'ai tout ce qu'il faut. Je suis une *fucking rockstar*, je te rappelle.

Donc normalement, ce qui se serait passé dans ma tête en regardant ce film, c'est que je me serais dit que moi aussi je veux vivre ça, être découverte par le monde entier et j'aurais été prise d'assaut par une énergie de machine de guerre et ça m'aurait motivée à continuer et à travailler davantage. Mais là, pour la première fois de ma vie, c'était différent. Une méga émotion m'a envahie et j'ai pensé : « *My god*, je le suis déjà, ça y'est, j'y suis arrivée! Je suis cette *rockstar* qui PNLise le monde internationalement. » Sérieusement, j'étais sous le choc face à ce constat clair et puissant à la fois.

Grâce à mon programme PNL, j'ai la chance de former de futurs coachs PNL dans la francophonie et l'anglophonie (oui, c'est un mot que j'ai inventé!) mondiales! Je CAPOTE ma vie! Mais encore plus d'avoir réalisé que j'ai réussi à atteindre, mon objectif!

Ça m'a frappée de plein fouet tellement j'étais prise dans mon monde à créer et écrire cette formation. Je n'avais pas pris le temps de réaliser tout ça. Je venais d'être complètement transcendée par ce que Dain m'avait expliqué dans son livre. En étant moi-même et en croyant en moi, j'ai fait les choix qui goûtaient WOWPATAWOW, j'ai suivi ma *vibe* et j'ai créé ma vie de rêve! Sans vraiment m'en rendre compte.

En 2018, j'ai fait plusieurs choix qui ont changé tout le reste. Comme dire oui à Nancy Richard pour créer un programme de PNL pour l'offrir dans son école Cybèle. Comme participer à la formation d'Alexandre Nadeau pour travailler sur mes croyances face à l'argent. Comme m'inscrire dans le programme de coaching Propulsion de Kim Grimard. Comme dire oui à Mary qui m'a offert l'opportunité de coacher des entrepreneures de partout dans le monde et en anglais de surcroît! Et ce sont tous ces choix (et plusieurs autres) que j'ai faits dans les dernières années qui m'ont permis de créer cette opportunité d'être une rockstar. Tout ça, c'est moi qui l'ai créé! Comme on dit, tout est dans toute! Je reviendrai sur cette expression plus tard.

#touteestdanstoute

Je me suis enfin offert une vie à la hauteur de qui je suis. C'est ça suivre sa *vibe,* point final. Détrompe-toi, tout ça n'est absolument pas une question de faire *full de cash* et d'être reconnue (aussi, mais y'a pas juste ça). Déjà lorsque j'étais jeune, j'avais le sentiment que je devais réaliser sur cette Terre de grandes choses et changer le monde. Aujourd'hui, j'arrive à remplir cette mission. Je PNLise le monde *gang,* rien de moins! C'est possible qu'à lire ces dernières lignes, quelques jugements soient apparus dans ton esprit. C'est OK. Tu as le droit à ton opinion! Mais juste t'assurer que ces points de vue ne parlent pas de tes ambitions que tu ne t'avoues peut-être pas encore ou du fait que tu te juges toi-même d'avoir mis autant d'efforts et de ne pas être capable d'y arriver encore…

Alors, remémore-toi la dernière fois où tu as ressenti cette fabuleuse sensation. Rappelle-toi avec qui tu étais, où tu étais et qu'est-ce que tu étais en train de faire. Si tu penses ne jamais avoir vécu un de ces moments, ça se peut et c'est OK. Mais je peux t'affirmer que ton nouvel objectif à ce jour n'est pas de trouver un nouvel amoureux, de trouver une *job* dans laquelle tu t'épanouies, d'avoir une vie de famille agréable ou encore de faire plus d'argent. Ton nouvel objectif est d'agir afin de ressentir ce *feeling* au plus vite. De faire les bonnes actions, de faire les bons choix afin de t'assurer de le créer. Parce que, comme dans tout, nous avons aussi du pouvoir sur ça.

Te rappelles-tu de la dernière fois où tu as vécu cette sensation? Ta mission, à partir d'aujourd'hui si tu l'acceptes (maintenant que je vais la nommer, tu n'auras d'autres choix, car ton inconscient va avoir compris), c'est de prendre toutes les décisions possibles qui vont aller dans le sens de ta *vibe*.

Maintenant que l'on a connecté et goûté à notre *vibe*, comment fait-on pour savoir que les décisions que nous prenons vont nous mener à vivre encore plus de moments qui font jaillir ce *feeling* incroyable? Bonne question! Surtout si tu n'as jamais ressenti cette énergie. C'est super hyper méga simple. Je te partage le truc que j'ai pris dans *Access Consciousness* : est-ce que ça goûte lourd ou léger? Si l'idée de faire un tel choix plutôt qu'un autre te fait vivre un sentiment de légèreté à l'intérieur de toi, c'est simple, ça veut dire que c'est la bonne décision à prendre. Par expérience, toutes mes décisions légères que j'ai prises ne faisaient complètement pas de sens avec ce que ma tête me disait. Comme accepter d'aller enseigner mon propre programme en coaching PNL qui n'existe pas à cinq mois d'avis. Comme m'engager à payer un loyer pour offrir cette formation à Montréal à 500 $ par mois alors que je gagnais 500 $ par mois grâce à mon entreprise. Comme m'inscrire au cross-fit quand je sais que c'est un défi pour tout le monde de rester engagé dans un *gym* à long terme et qu'en plus je suis loin d'être une fille sportive. Comme payer une coach personnelle et une coach d'affaires pour tout réinvestir mon argent alors que j'aurais pu l'accumuler. Comme m'inscrire au *Business Mastery* de cinq jours de Tony Robbins qui a lieu en Floride et évidemment en anglais par-dessus le marché! Vois-tu? Si j'avais écouté mon mental à chaque fois, jamais je ne serais rendue où je suis en ce moment. Suivre sa *vibe,* c'est tellement payant que ça nous fait vivre une vie que l'on n'osait même pas imaginer.

Savais-tu que suivre ta *vibe* peut te faire perdre du poids? Si par exemple tu as l'habitude de manger beaucoup de desserts à chacun de tes repas et que tu prends le temps de te questionner à savoir si ça goûte lourd ou léger, tu auras la réponse pouvant te mener à une perte de poids. Il y a de fortes chances que ça ne goûte pas léger du tout et qu'au final ce besoin de manger autant ne t'appartienne pas. Que tu sois en train de te mentir à toi-même, causant une envie irrésistible de manger inconsciemment pour une raison qui dépasse ce que tu vis. Dain, dans son livre, raconte qu'une femme a réalisé qu'elle mangeait les beignes pour tout le monde au travail au lieu de le faire pour elle-même. En en prenant conscience, elle a complètement arrêté d'en manger. Elle a écouté ce que son corps voulait. À partir de ce moment, elle n'a plus eu le goût de manger autant pour les autres et a donc perdu du poids à s'honorer et à suivre sa *vibe*.

Alors comme tu peux le voir, suivre sa *vibe* c'est la clé afin d'aligner ta vie avec qui tu es vraiment. Et oui, ça passe par des choix que tu vas faire concernant ton couple, tes amitiés, ton travail, ta santé, tes finances et autres. Souvent, on pense que c'est dans les très grandes décisions que la majorité des changements se passent. Mais rappelle-toi ce que l'on a vu dans le chapitre huit intitulé « Mettre sa hache dans sa vie à coup de plume ». Dans les micros actions s'initie le changement, dans les prises de décisions quotidiennes. C'est exactement ce qui se produit lorsqu'arrive le temps de faire des choix lourds ou légers. Par exemple, tu sors avec un gars depuis quelques temps. Tu as l'habitude de faire tes bagages pour aller chez lui chaque semaine où tu n'as pas la garde de tes enfants. Tu vis littéralement la moitié de ta vie dans tes bagages depuis plus d'un an. Un certain jeudi soir où ça te tente d'être bien dans tes affaires, tu décides de rester chez toi. Malgré le fait que tu meurs d'envie d'aller voir ton amoureux, ce choix de dormir dans ton lit et de te réveiller avec tout ce dont tu as besoin dans ton environnement pour te sentir bien est ce qui goûte léger! Il s'agit de la décision à prendre afin de t'honorer.

Petite parenthèse : il ne faut pas sous-estimer l'importance de son environnement. L'endroit où tu vis actuellement est peut-être temporaire ou non. Sans être capable de l'expliquer, tu n'arrives pas à t'y sentir bien. Penses-y, ton environnement, c'est ce qui t'entoure continuellement. Il y a ton environnement au travail et ton environnement personnel. Notre chez soi est supposé être l'endroit où on se sent complètement libres et non en prison. Sinon, ça nous tue à petit feu. J'ai déjà eu une cliente qui vivait avec une coloc. C'était plus que temporaire, elle s'était dit qu'au maximum un an elle y resterait. Évidemment, habiter avec une coloc ce n'est pas comme habiter avec un amoureux, même si c'est une amie. C'est prouvé qu'en amour, nous sommes prêtes à être plus conciliantes qu'en amitié. Donc, rentrer chez soi et avoir une personne qui te fait des commentaires concernant le choix de tes activités, de tes dépenses et de ton environnement, c'est désagréable. D'où, quand, comment tu pourrais ranger tes choses et comment tu devrais vivre tes émotions, ce n'est pas ce que j'appelle un environnement écologique pour personne. Imagine si tu passes une mauvaise journée au travail et que tu ne peux même pas retourner chez toi te ressourcer puisque tu n'as pas cet endroit qui te sert de havre de paix... Cette cliente vivait différentes sources de stress dans plusieurs sphères de sa vie. La première étape a été de réaliser qu'elle ne pouvait être bien avec elle-même nulle part dans sa vie. Elle avait peur de déménager à nouveau et surtout n'avait pas l'énergie, mais elle savait que c'était le premier *move* à faire, car même si elle améliorait sa situation au travail ou sa vie amoureuse, elle revenait toujours à cet endroit où elle se sentait jugée constamment pour qui elle était. Ben oui, j'aurais pu lui dire de ne pas laisser de pouvoir aux commentaires de sa coloc, que ce ne sont que des points de vue intéressants, qu'ils n'influencent en rien sa valeur personnelle. Parfois, on a beau modifier notre perception d'une situation, mais une action s'impose si on souhaite se choisir complètement. C'est drôle, une fois qu'elle a déménagé dans son nouvel appartement, tout s'est placé comme par magie dans les autres sphères de vie.

Déménager ou ne pas déménager? Souper chez sa belle-mère dimanche soir ou ne pas souper chez sa belle-mère? Aider votre amie ou ne pas l'aider? Frites ou salade? Lourd ou léger, *girl*? C'est la seule question à te poser pour t'assurer de suivre ta *vibe*.

CHAPITRE 13

À chacune son génie féminin

Qu'est-ce que le génie? Par définition, le génie est une aptitude supérieure de l'esprit qui rend quelqu'un capable de créations et d'inventions qui paraissent extraordinaires. Sommes-nous toutes capables de faire ça? Oui! Je te parle de génie et, plus précisément, de génie féminin parce que j'ai réalisé dernièrement que nous avions tous un génie différent. Mais afin qu'il soit mis en valeur et reconnu, à quoi le compare-t-on? Comment fait-on pour savoir que ça en est? J'ai longtemps tenté de me définir et je n'arrivais pas à trouver de comparatif. Je voyais que cela pouvait être de l'intelligence, que cela pouvait être de la créativité, mais comment définir que c'est du génie? Plusieurs femmes se sont démarquées par le passé en réalisant de grandes choses, que ce soit au niveau de la politique, des sciences, de la recherche, de la loi, de la famille, etc. Malgré tout, il reste encore beaucoup de chemin à parcourir en ce qui concerne la reconnaissance du génie féminin. Comme en témoigne ce commentaire que j'ai lu sur les réseaux sociaux d'Olivier Corchia, d'un homme qui plus est :

C'est lorsque les choses vont mal qu'on embauche ou qu'on élit des femmes pour régler des problèmes. Résultat : proportionnellement, les femmes prennent des jobs plus risqués et donc sont plus menacées de chuter que leurs homologues masculins. Et bien entendu, non seulement les femmes sont recrutées pour les missions impossibles, mais on leur pardonne moins qu'aux hommes.

Que décidons-nous de faire? Je ne suis pas en train de me plaindre ou de vouloir planifier une vendetta! Hummm, pendant que j'y pense... C'est seulement un constat que j'ai fait, et que plusieurs autres ont fait, et qui m'amène à parler de ton génie et de la place que tu en fais dans ta vie.

Il y a tellement de femmes qui se sont démarquées par leur courage, leur détermination et leur ingéniosité et sûrement des milliers d'autres dont on ne connaîtra jamais l'existence. Ces femmes, pour la plupart, ont marqué l'histoire par leur propre vie, telles que Nettie Stevens, généticienne américaine, qui découvrit au début du XXe siècle que le sexe de chaque individu était déterminé par ses chromosomes X et Y — contredisant les centaines d'années durant lesquelles les hommes avaient accusé les femmes de ne pas leur donner « d'héritier mâle ». Margaret Hamilton, génie informaticienne, qui dans les années 60 développa le logiciel de vol pour les missions Apollo, la femme sans qui l'homme n'aurait jamais mis le pied sur la lune. Comme je le disais, des milliers de femmes ont su faire la différence dans l'histoire de l'humanité, et ce, malgré qu'on ne leur facilitait pas la tâche pour le faire. Alors, pensez-y, aujourd'hui, cette possibilité de changer le monde nous est offerte sur un plateau d'argent. Ces femmes ont marqué l'histoire, tout comme nous le faisons toi et moi en ce moment. Et là tu te dis, ben voyons donc! Comment je peux être en train de faire comme les suffragettes ou encore ces femmes qui ont été les premières avocates, médecins, premières ministres en faisant ma *job* de 9 à 5 ou en faisant rouler ma propre *business*? Et c'est là que je t'annonce qu'aujourd'hui, oui il y a encore ces femmes leaders dont nous pouvons nous inspirer et admirer, mais il y a aussi toutes ces femmes qui décident de se choisir, de s'honorer et de faire en sorte que les autres autour n'ont d'autres choix que de se respecter, d'augmenter la valeur qu'elles se donnent et, par le fait même, de vouloir davantage pour elles.

Entrons maintenant dans le vif du sujet. Je pense que tu sais que depuis la nuit des temps nous avons eu des inventions, des lois, des idées, des innovations, etc., partant de ce que l'homme était. Nous vivons dans une société dirigée par les hommes depuis très longtemps. Nous surfons sur toutes ces choses faites au masculin. Oui, les femmes ont fait de grandes choses, mais toujours en pénétrant ici et là le monde des hommes.

Savais-tu que les femmes, en plus de faire leur place, doivent gérer un tsunami d'émotions? Les émotions sont la force la plus puissante de l'univers. Nous devons les gérer et ne pas les laisser nous gérer! Autant les hommes que les femmes vivent du stress. La seule différence, c'est que les femmes sont différentes côté émotions. Nous sommes capables d'empathie comme personne, nous sommes capables de nous sacrifier corps et âme pour les autres et nous passer en dernier. Comme nous avons ce tsunami d'émotions à gérer, nous devons développer des capacités incroyables afin de maîtriser notre *mindset* et atteindre ce que d'autres femmes ont fait à travers les décennies. Il y a quarante ans, une femme qui devenait autonome représentait un exploit, une nouvelle du jour. Aujourd'hui, ce sont toutes les femmes qui vivent cette autonomie qui ont ce pouvoir sur leur vie que seuls les hommes avaient il n'y a pas si longtemps... Il est maintenant commun de voir des femmes avec des positions haut placées en politique, en affaires, dans l'armée, en droit, en médecine, comme leader familial, etc. Pour la première fois de l'humanité, les femmes occupent plus de 50 % des postes d'emplois importants! Et 71 % des femmes qui ont des enfants occupent un emploi. Le niveau de stress que les femmes peuvent vivre est quelque chose que les hommes ne pourront jamais comprendre. Les femmes ont plus de choix, plus de liberté, plus de pouvoir, mais en même temps les études démontrent qu'elles sont plus malheureuses qu'il y a quarante ans. Avec toute cette ascension, elles se sont oubliées en chemin et c'est exactement pourquoi je fais ce que je fais. Je souhaite ardemment que les femmes puissent vivre tous ces choix, toute cette liberté et tout ce pouvoir en nageant dans le bonheur. Et pour cela, je vise la démocratisation du fonctionnement de leur cerveau et de leurs émotions. Une fois que l'on maitrise la force la plus puissante de l'univers, nous pouvons conquérir le monde.

Lorsqu'on fait une recherche sur le génie, nous découvrons pratiquement que des références masculines. Et ici je ne parle même pas des ingénieurs où il y a de plus en plus de femmes. Je parle de gens nommés des génies. Le génie se définit, entre autres, en deux principaux types : scientifique et spirituel. Pour être classifié génial, nous devons correspondre aux critères de ces deux types. Est-ce que tu me suis? Ces critères ont été établis il y a des milliers d'années par qui? Par des hommes. Les femmes n'avaient pas leur mot à dire. Les deux types de génies que l'on retrouve, soit le génie spirituel à la Gandhi ou le génie scientifique à la Einstein qui ne comporte aucun aspect émotionnel et relationnel.

Les femmes ne pensent pas comme les hommes, ne font pas les choses comme les hommes. Premièrement, le côté émotionnel et intuitif est hyper présent dans notre génie et deuxièmement, nous ne subdivisons pas toutes les petites choses dans des petites boîtes séparées. Nous sommes capables de tout relier en tout temps et de réaliser des connexions entre toutes ces connaissances et notre intuition. Nous ne pouvons donc pas planifier, organiser, réussir, conquérir et nous réaliser comme les hommes le font. Il est hyper important que tu prennes conscience, si ce n'est déjà fait, que si tu essaies d'atteindre un objectif et que tu ne le fais pas en te basant sur ton propre génie, mais plutôt en essayant de calquer quelque chose que tu as vu puisque tu n'avais aucune autre référence sur laquelle t'appuyer, tu perds énormément d'énergie, de temps. Cela peut te créer un sentiment de ne pas être adéquate au fin fond de toi-même. *Outch*, non?

Faire de la place à son génie, comment est-ce qu'on fait ça? C'est en fait, l'étape qui suit celle de se connecter avec sa *vibe* et de commencer à faire des choix en fonction de celle-ci. Une fois que tu es *all set* là-dessus, tu es rendue à l'étape de propulser le génie qui t'habite. Comme tu le sais, avant d'être coach j'étais une prof de chimie, une scientifique. Je le suis encore, mais différemment. Quand j'ai commencé à connaître la PNL en 2012, je ne me connaissais pas du tout. Je réagissais comme je pouvais aux hauts et aux bas de la vie. En plus de ne pas savoir gérer mes émotions, souvent je ne comprenais pas pourquoi je les vivais. C'est sûr que j'ai énormément changé depuis que j'ai débuté mon parcours avec la PNL, mais j'ai surtout appris qui j'étais vraiment. Pour être en mesure de sortir son génie du placard, il faut commencer par se connaître par cœur. Ensuite, vient un certain travail de libération, de responsabilisation et de prise de conscience si l'on veut non seulement se connecter avec notre génie, mais également être capable de l'exploiter au maximum! L'idée c'est de prendre nos plus grandes forces et de les mettre en avant-plan afin d'en faire bénéficier le plus de gens possibles. Il se peut aussi que nous ayons à passer par-dessus notre syndrome de l'imposteur. Par exemple, si tu as une entreprise, tu n'as pas besoin d'être sans cesse partout sur les réseaux sociaux, mais tu dois savoir dans quoi tu es sur la coche et le crier au monde entier. Sens-tu le petit stress gremlinien monter quand j'te dis ça? « Et si les gens ne reconnaissent pas que j'ai vraiment ce talent et que ça fait une différence », « Et si les gens ne m'aiment pas et me rejettent? », « Et si les gens me jugent et se mettent à dire que mon service ou mon produit ne vaut pas de la *crap*, que je suis une arnaqueuse ? » Vois-tu que la ligne est très mince intérieurement entre ton envie de dire : « Je sais ce que je vaux, je vais le crier sur tous les toits et changer le monde. » versus « Pour qui j'me prends de penser que je peux faire une différence dans la vie des gens. Je ne suis qu'une simple humaine qui fait ce qu'elle a à faire. » Même si tu n'as pas ton entreprise, tu auras ce discours interne à surmonter, jusqu'à ce que tu sois rendue à la phase : « Peu importe ce que les gens pensent, quand je suis moi, j'inspire tellement les gens que je fais cette différence dans le monde. »

Tu apprends à te connaître, tu te défais de toute la *junk* que tu traînes depuis des années et tu libères ton génie! Après plusieurs années de travail à essayer de comprendre mon profond fonctionnement (même pas une dizaine *by the way*!), j'en suis à un point où j'arrive à maîtriser mon génie. Je suis capable de l'activer en tout temps, de créer les conditions optimales dans toutes les sphères de ma vie afin de pouvoir l'utiliser. Moi, mon génie, c'est de connecter avec l'être humain en face de moi. Je veux qu'il se sente compris comme jamais auparavant. Je veux mettre des mots sur ce qu'il ressent et vit, ce qu'il était incapable de faire. Je le *pitch* dans son incroyable beauté intérieure. Je veux qu'il se sente confiant comme jamais, qu'il ait la certitude qu'il a de la valeur et qu'il est capable de tout. Parfois, qu'il le veuille ou non, assumer son génie, sa lumière, sa gloire, sa prestance, ça vient évidemment avec la responsabilité complète de soi. Tout dépendant où la personne est rendue dans son processus, elle y arrivera à son propre rythme. Et ça prendra le temps que ça prendra, ce n'est vraiment pas important puisqu'au minimum j'installe le truc. Installer le truc, c'est aussi une de mes très grandes forces de génie, mais ce n'est pas le sujet de ce présent chapitre, alors j'y reviendrai plus tard.

CHAPITRE 14

Les rôles de notre vie qu'on accepte de jouer

J'ai lu dernièrement que nous avions tous plusieurs rôles à jouer dans notre quotidien. Et là je ne parle même pas des rôles de femme, mère, maman et amoureuse. Je parle des rôles que nous nous sommes attribués étant jeunes et que nous avons décidé de jouer, consciemment ou non et que l'on continue de jouer encore aujourd'hui. Au printemps de mes 38 ans, pendant que j'étais en pleine *ride* de quatre roues, j'ai allumé! Comme tu sais, j'adorais jouer à des jeux de société lorsque j'étais petite. Dès l'âge de 5-6 ans, j'ai adopté le rôle de l'intello. La studieuse qui faisait ses devoirs, celle qui adorait aller à l'école et qui, dès le primaire, avait le goût d'être la meilleure et de toujours se dépasser. J'ai été la première, autant du côté de mon père que de ma mère, à aller à l'université. L'école, c'était mon mojo. Pendant que j'achevais ma maîtrise en biochimie, je suivais un programme pour pouvoir enseigner au cégep. Après avoir terminé ces études, j'ai fait un certificat en gestion d'entreprise afin d'acquérir les connaissances nécessaires pour aider mon ex-mari dans son organisation. Je suis une *learnhololic*! Je suis curieuse de nature, j'adore tout savoir et tout comprendre. J'ai donc continué de jouer ce rôle, encore aujourd'hui à travers mes enseignements et mes recherches sur le génie féminin. Le hic avec ce rôle, c'est que j'avais aussi décidé de jouer le rôle d'intello sans être manuelle. Je ne sais pas si tu as remarqué, mais je mets beaucoup d'accent sur le verbe « j'ai choisi ». Je sais très bien que pour choisir ces rôles étant jeune, ils doivent nous être proposés dans notre environnement ou encore refléter un manque que nous n'avons d'autre choix que de les jouer. C'est complètement intentionnel, car pour moi, peu importe la raison qui fait en sorte que nous jouons le rôle d'une intello, d'une sportive, d'un rejet, etc., nous l'avons fait parce que cela allait nous apporter d'une quelconque façon à un moment donné. Rappelle-toi, peu importe d'où l'on vient, ce que l'on a vécu ou ce que l'on a fait, tout est sous notre responsabilité. C'est la même chose avec ces fameux rôles de notre vie. Ainsi, je ne réparais pas grand-chose et j'avais de la difficulté à me débrouiller, j'étais dépendante des autres dès que ça concernait une tâche physique. Et ce jour-là, en plein milieu des *trails* de neige à la cabane à sucre, ça m'a frappée de plein fouet. Je n'avais pas envie de jouer ce rôle. J'avais le goût d'être une intello qui se débrouille par elle-même. C'est donc en pleine possession de mon VTT que j'ai réalisé à quel point j'ai de la force dans mes bras, que je suis pleinement confiante et en contrôle de mes moyens. Et je me dis, mais pourquoi juste avant de partir pour la *ride*, je n'ai pas réussi à trouver le bouton *start*? Mon frère m'avait pourtant expliqué, mais une fois arrivée devant le quatre roues, je ne voyais rien. Avec ma voix de celle qui ne comprend pas, je suis retournée le voir afin qu'il vienne presser ledit bouton. *My god* que je me sentais stupide. Comprends-moi bien. Je suis loin de dire que dans la vie il faut tout comprendre et tout savoir et que sinon on est niaiseux. Ce que je veux dire c'est qu'il m'avait expliqué comment faire et que je venais de réaliser que volontairement, je n'avais pas saisi afin de dépendre de quelqu'un et jouer mon rôle de fille pas débrouillarde manuellement. Intense non? Combien de rôles penses-tu jouer au quotidien?

Ce qui est génial, c'est qu'une fois que l'on prend conscience des rôles que l'on a, on peut décider de ne plus jouer ceux qui nous ne conviennent plus et *that's it*! C'est donc en roulant ma vie de plaisir que je prends conscience de la situation qui vient tout juste de se passer et où je fais le bilan de ma vie dernièrement face à ce rôle. D'ailleurs, depuis que je suis séparée, que je vis seule, je m'occupe de tout ce dont mes filles et moi avons besoin. Je m'assure que ma voiture soit A1. Je pellette la neige. Je pose des cadres. C'est moi qui fais tout finalement! Au moment de cette prise de conscience, une méga sensation de puissance et de confiance m'avait envahie. Je ne voulais plus jouer ce rôle d'intello non manuelle, terminé!

Je sais que je possède plusieurs autres rôles dans ma manche : la fille qui fait rire, la fille qui suscite des prises de conscience, celle qui fait des liens avec tout, qui a une mémoire phénoménale, la fille qui est dotée d'une méga empathie, la sensible qui pleure avec ses clientes et j'en passe. Tous ces rôles, je les adore et je décide consciemment de les jouer avec brio!

Voici le cas de l'une de mes clientes (es-tu, comme moi, ce genre de personne devenue accro à toutes ces anecdotes?!) Pour ma cliente, tout va bien avec ses enfants et avec son conjoint, mais elle se cherche professionnellement. Elle est dans la trentaine et se garoche d'un projet à l'autre, ne sachant jamais si finalement elle aime ce qu'elle fait ou non. Évidemment, comme nous toutes, elle a des responsabilités et souhaite faire plus que sa part dans le budget familial et être autonome financièrement. Je lui pose des questions sur ce qu'elle aimerait atteindre comme objectif au niveau professionnel. Elle hésite un bon moment et me dit qu'elle aimerait bien atteindre le cap des 100 000$ cette année avec son entreprise.

Lorsque je demande à mes clientes ce qu'elles veulent vraiment, souvent, elles ne le savent pas. En fait, leur gremlin les empêche de savoir. Tu te rappelles de la job du gremlin qui vit dans chacune de nos têtes? S'assurer que l'on reste dans notre zone de confort inconfortable et qu'on n'ait surtout pas des pensées d'ambition et d'aspiration qui mettraient la personne que l'on est en valeur! Donc, son gremlin fait bien la job : « Pourquoi tu oserais espérer quelque chose de mieux ou de différent? Tes parents ont toujours été présents pour toi. Tu n'as aucune raison de te plaindre de ta vie. Tu n'as aucune raison de ne pas te sentir heureuse et épanouie en ce moment. Pis *my god,* n'ose surtout pas désirer faire plus d'argent, pour qui tu te prends? De quoi tu vas avoir l'air? » Oui, je connais très bien le discours de chacun des gremlins de mes clientes. C'est pourquoi j'utilise toujours la stratégie de l'exagération extrême afin qu'elles puissent rationaliser leurs pensées. Quand elle me parle d'argent par exemple, je parle toujours en chiffres très élevés, de faire des millions de dollars dans mon entreprise. Cela leur permet de mieux vivre avec l'idée de vouloir faire 100 000$ cette année. La cliente citée ci-haut est même allée jusqu'à me dire 150 000 $. Yé! Et évidemment, cette affirmation était accompagnée de son lot de justifications : « Tu sais, quand je vais faire cet argent, cela va me permettre d'offrir une meilleure qualité de vie à mes quatre enfants. Cela va me permettre de redonner aux autres et de faire une différence. » Pas question qu'elle me dise que cela va lui permettre de prendre soin d'elle, de se gâter et de briller encore plus. Certainement pas! Et c'est après quelques minutes de discussion que l'on réalise qu'elle a toujours joué le rôle de l'adulte dans sa vie. Depuis, qu'elle est toute jeune, elle a adopté le rôle de la fille sage, tranquille, qui écoute les consignes, qui a un comportement irréprochable... Et ses parents ne lui ont jamais exigé cela! Ils l'acceptaient réellement comme elle était, c'est elle qui a choisi ce rôle. En fait, c'est toujours nous qui choisissons, consciemment ou non. Et d'avoir choisi de jouer le rôle de cette petite fille sage faisait en sorte qu'aujourd'hui, elle n'était pas elle-même dans sa propre vie. Elle n'avait plus envie de jouer ce rôle, elle voulait que les gens voient la personne drôle, extravertie et à la limite marginale qu'elle est! Penses-tu qu'en faisant consciemment le choix de ne plus jouer le rôle de la sage et d'assumer celui de la marginale a changé quelque chose au niveau de ses finances? Absolument! Et comment je savais ça au moment où on se parlait? Ce n'est pas parce que je pense que les personnes plutôt sages ne font pas d'argent ni que les personnes marginales en font automatiquement. C'est parce que premièrement, elle était dans mon bureau virtuel en consultation pour m'en parler. Ça pour moi ça veut déjà dire qu'il peut y avoir place à l'amélioration, car sinon elle ne serait pas là. Ne sous-estime jamais l'importance de ce que tu vis.

J'ai déjà lancé une offre d'appel « découverte » gratuit de 30 minutes dans mon groupe Facebook. Plusieurs femmes m'écrivaient en me disant que si personne ne prenait les places, elles la prendraient, mais qu'elles allaient bien et qu'elles préféraient laisser la place en premier à des femmes qui en avaient besoin davantage... Hilala! On va mettre quelque chose au clair tout de suite toi et moi! *First*, tout ce que tu vis, même si pour toi ça semble moins grave que ce que vit ta voisine, on s'en fout! Ça t'apporte un sentiment de mal-être à l'intérieur, donc ça vaut la peine qu'on en parle et qu'on prenne du temps pour ça. Deuxièmement, on s'entend-tu pour dire que tu es la pire juge pour affirmer que ce que tu vis est important ou non? On est souvent la moins bonne personne pour s'aider à voir les choses différemment. Je taquine souvent mes étudiantes lorsqu'une d'entre elles explique le pourquoi du comment de ce qu'elle est en train de vivre. Je rappelle alors aux autres que l'on ne doit surtout pas écouter ce qu'elle est en train de dire! En plus d'être devenue une experte de sa propre problématique parce qu'elle l'a suranalysée, elle pense avoir appliqué les bonnes techniques et les bons recadrages sur elle-même. Je suis convaincue que non.

Et dans le cas de ma cliente, pourquoi ai-je la certitude à 99 % que ça allait avoir un effet positif sur ses finances cette mise à jour sur ses rôles? Elle a appris à se connaître, à savoir ce qu'elle veut vraiment. Automatiquement, il y aurait une influence sur ses choix à venir ainsi que sur ses revenus d'entreprise. Je te le dis et te le répète, se choisir et s'écouter (je parle de notre intuition bien sûr, pas notre gremlin) est toujours gagnant!

Là je t'entends me dire : « Je veux une autre anecdote, je veux une autre anecdote! » Comme je suis à l'écoute de mes lectrices adorées, voici deux autres exemples afin de t'aider à bien comprendre, intégrer et illustrer le concept de jouer des rôles dans sa vie.

Laura est venue me consulter afin de travailler son syndrome de l'imposteur. Comme tu l'as peut-être remarqué depuis le début de ta lecture, la majorité des causes de consultation sont le manque d'estime de soi et la sous-valorisation de sa valeur. Le syndrome de l'imposteur n'en fait pas exception, puisqu'il vient avec son gremlin et son discours maintenant connu : « Tu es qui pour penser être capable de faire ça? » Laura me parle donc de ses aspirations et qu'à chaque fois qu'elle met tout en place pour vivre un superbe succès, elle se met à tout saboter. Elle oublie de faire plusieurs tâches qu'elle avait pris la peine de lister il y a des mois afin que tout se passe parfaitement! Autosabotage, procrastination, crise d'anxiété, *name it*, tout pour ne pas l'avoir facile. Une des prises de conscience qu'elle a faite, c'est la place que sa petite fille intérieure prenait dans sa vie et la conséquence. Cela faisait en sorte que ses parents avaient la place pour s'immiscer dans l'éducation de ses enfants. Je m'explique. Laura manquait tellement de confiance en elle qu'elle demandait souvent l'opinion de ses parents avant de faire quoi que ce soit : s'acheter une nouvelle voiture, rénover sa maison et éduquer ses enfants. Cela créait l'espace dans sa vie pour ses parents. Je te rappelle qu'une personne n'est pas qu'un comportement. Donc la question qui se pose toujours quand quelqu'un te tape sur les nerfs c'est : « Qu'est-ce que je fais pour attirer ce comportement? » Oui, tu as du pouvoir sur le comportement que les autres adoptent et oui, tu es une femme *fucking* intelligente, donc *what the hell are you doing* pour que ce qui existe dans ta vie existe?

L'autre prise de conscience que Laura a faite est que, depuis qu'elle était toute petite, elle jouait le rôle de celle qui manquait de confiance en elle et surtout qui avait besoin des autres pour arriver à quelque chose. Elle ne pouvait en aucun cas y arriver seule. Et comment elle est arrivée à jouer ce rôle? En partie parce qu'elle venait d'une famille ultra rationnelle où les émotions n'existaient pas. Laura étant hyper émotive et sensible à ce que les autres vivaient, c'était rassurant de justifier et d'expliquer ce qu'elle était en lui donnant le rôle de celle qui se retrouve toujours en difficulté. Seule explication logique à tout ça! Qu'est-ce que tu penses que cela avait comme influence sur son entreprise? Elle vivait du succès malgré tout, elle était reconnue comme une experte dans son domaine et tout le monde tripait sur elle! Mais oh combien cela lui coûtait en énergie de contrer ce rôle! Je t'entends me dire : « Oui, mais elle réussit *anyway* donc on s'en fout du reste! » C'est faux! Depuis qu'on a fait le ménage dans ses différents rôles et qu'elle a réalisé qu'elle ne voulait plus jouer la fille qui a toujours besoin des autres pour réussir et arriver à quelque chose, fini les crises d'anxiété, fini l'autosabotage et surtout fini de vivre tout ça seule en prenant toujours tout le blâme sur ses épaules. Elle a su bien s'entourer afin de vivre davantage de succès et de réussite à tous les niveaux dans sa vie. Est-ce que ce scénario n'est pas mieux, dis-moi? Selon mon point de vue, oui!

Une autre chose dont il est important de tenir compte lorsque l'on parle des rôles, c'est qu'ils sont rassurants pour certaines personnes. Par exemple, tu réalises que tu as le rôle de celle qui a un manque de confiance en elle, comme le cas de ma cliente Laura. Tu décides que tu n'as plus envie de jouer ce rôle. Eh bien cela se peut que pour certaines personnes de ton entourage, ce soit rassurant de savoir que tu le jouais. C'est là que tu me dis *what the fuck*? Il y a des gens dans mon entourage qui seraient rassurés par le fait que je manque de confiance en moi? Ce n'est pas tant qu'ils sont rassurés parce que tu ne crois pas en toi, c'est surtout parce que c'est du connu pour eux, donc si du jour au lendemain tu changes ce rôle, ça bouge ton système donc par la bande, leur système. De plus, ça justifiait peut-être un de leur propre rôle. Penses-y deux minutes. Si tu joues celle qui manque de confiance en toi, inévitablement tu as des gens dans ton entourage qui jouent le rôle de *chearleader* : « *Let's go* tu es capable!», « Lâche pas, tu vas y arriver! », « C'est toi la meilleure ma grande! » Et ce rôle, que tu le veuilles ou non, était hyper gratifiant pour eux. Tout ça sans mauvaise intention et fort probablement inconsciemment. C'est gratifiant de se dire que malgré tout ce que notre fille ou notre amie a vécu dans sa vie, j'ai toujours été là pour elle quoi qu'il arrive!

Alors, si dès maintenant tu décides de ne plus jouer le rôle du manque de confiance en toi et qu'à partir d'aujourd'hui *no matter what* tu ne douteras plus jamais de toi, tu les obliges à redéfinir les rôles qu'ils joueront à partir de maintenant dans ta vie, et ça sans qu'ils aient vraiment le désir de changer. T'inquiète, c'est toujours pour le mieux, mais reste qu'il y a de fortes chances que ça provoque des réactions dans ton entourage. N'oublie pas que ce n'est pas parce qu'ils ne veulent pas que tu croies en toi. C'est simplement parce que, temporairement, ça les sort de leur zone de confort, ils perdent leurs repères et ça les pousse à se redéfinir. Fais confiance au processus.

Rôles et relations

Ça peut avoir l'air sans importance ces fameux rôles. On oublie à quel point ils peuvent définir le type de relations que nous entretenons. Par exemple, avec les gens que nous n'avons pas vus depuis longtemps, nous avons comme référence ces rôles qui nous relient. Comme un grand frère qui ne cesse de faire allusion à la peur des aiguilles de son petit frère... Ce dernier a maintenant 35 ans et a appris à gérer cette peur depuis plusieurs années. Comme chaque fois où tu es en présence de ta mère et qu'un de tes rôles revient alors que tu ne le joues plus. C'est normal puisque ta mère peut faire exprès de t'y ramener. Logique, c'est sa façon de se définir elle-même. C'est comme si tu jouais dans une équipe sportive, gardienne de but au hockey depuis ta naissance. Et tout d'un coup, sans avertissement, tu décides que ça ne te tente plus de jouer ce rôle dans ce sport. Tu n'as pas pris la peine de préparer tout le monde mentalement que tu ne le ferais plus. Tu fais déjà une démarche, tu ne vas pas détailler à tout le monde tes blocages, ce que tu y travailles, etc. Alors, quand tu arrives avec les gens et qu'eux ne comprennent pas pourquoi tu ne veux plus jouer au hockey comme gardienne de but, leur premier réflexe sera de te rappeler à quel point tu as vécu des bons moments dans ce rôle en essayant de te mettre un bâton dans les mains, un casque sur la tête et des patins dans les pieds.

Il arrive aussi que tu aies remisé l'un de tes rôles au placard depuis un moment déjà et BAM, tu te retrouves à le jouer à nouveau sans t'en rendre compte. C'est OK. Comme je te disais, les gens autour de toi n'ont pas fait ce choix de changer. Ils doivent maintenant se redéfinir face aux changements que tu as initiés. Ils ne le savent pas encore, mais c'est pour le mieux tant pour eux que pour toi. Ce changement implique que tu seras plus heureuse. Et garde aussi en tête que leur intention n'est pas que tu ne le sois pas. Ils ne sont seulement pas conscients de ce que tu vis et sont en train de réagir face à la sortie de leur zone de confort. C'est tout.

Comme tu dois t'en douter, cela peut aussi se répercuter sur nos enfants. Si nous avons commencé à incarner plusieurs de nos rôles dans notre enfance, nos précieuses progénitures font exactement la même chose au moment où l'on se parle. Ne commence pas à paniquer : « Oh mon dieu, mais qu'est-ce que je suis en train de faire vivre à mes enfants! » Ça ne sert à rien. L'idée n'est vraiment pas de te mettre à te culpabiliser. Tes enfants ont leur propre chemin de vie. Je suis d'accord qu'on ne veut pas qu'ils vivent des horreurs et on veut leur éviter la même souffrance que nous avons vécue. Mais la réalité est que nos enfants ont leurs propres expériences à vivre et que la seule chose que nous pouvons faire est de leur offrir un exemple d'estime et de confiance en béton. Non, mais s'ils apprenaient déjà, en nous regardant, tous les bienfaits que cela a de se choisir quotidiennement, une *batch* de futurs adultes à venir iraient déjà beaucoup mieux.

De quelle façon cela peut se dessiner dans la vie de nos enfants? C'est très simple. Prenons l'exemple de ma cliente Suzie qui a cinq enfants. En passant, ce n'est pas parce que nous avons plusieurs enfants que cela est différent, puisqu'il existe des milliers de rôles que l'on peut jouer. Ce n'est pas l'un des enfants de Suzie qui enlève toutes les possibilités de rôles à l'un ou l'autre des autres de la fratrie. Suzie est une entrepreneure aguerrie, elle performe très bien au niveau professionnel. C'est une femme déterminée, engagée qui réussit pratiquement tout ce qu'elle entreprend. Quand tu es éduquée dans un système où la performance existe, comme enfant tu peux choisir de performer, ça se fait majoritairement sans que tu t'en rendes compte. Tu peux aussi te rebeller, car cela est viscéralement à l'encontre de qui tu es. Non pas parce que tu as quelque chose contre la performance, mais ça ne fait pas partie de tes valeurs profondes. Sauf que tu es née dans une famille où la performance est reine. Je ne cherche même pas ici à justifier la provenance de cette valeur dans le système, parce que clairement elle a été utile aux deux parents ou à l'un d'entre eux pour survivre à un moment ou à un autre dans sa vie. Suzie, ma cliente, vient me consulter et me parle de sa fille, sa dernière qui est âgée de 10 ans et qui vit de l'ennui intense. Rien ne l'intéresse. Son conjoint et elle ont beau lui proposer toutes sortes d'activités, elle préfère rester à l'écart et jouer à des jeux vidéo. Elle me parle de ses autres enfants. Son plus vieux excelle dans les sports, sa deuxième performe à l'école, sa troisième remporte des méritas de comportements exemplaires et finalement son quatrième est un *crack* en science. Qu'est-ce qu'il reste à sa dernière pour arriver à définir et à adopter un rôle afin d'être reconnue dans les mêmes standards de performance que ses frères et sœurs? Et si elle n'avait pas envie de choisir dans ce qu'il reste comme choix? N'y a-t-il pas des choix à l'infini mis à sa disposition? Qui a dit que c'était OK d'avoir la performance comme valeur principale? Vois-tu que si cette fillette de 10 ans fait le choix de jouer un rôle différent dans cette famille, elle risque d'être jugée (c'est ce qu'elle pense inconsciemment, car elle est incapable d'entrevoir d'autres possibilités) et de ne pas être reconnue à sa juste valeur pour qui elle est vraiment? Ce ne sont pas des choses qui sont dites et les parents ne mettent même aucune pression sur leurs enfants afin qu'ils performent. Les enfants apprennent des comportements de leurs parents et si c'est l'exemple qu'ils voient depuis leur naissance, il peut être difficile à cet âge-là d'entrevoir d'autres façons de faire par eux-mêmes.

Et si elle avait envie d'être une artiste? Et si elle avait envie de triper sur les jeux vidéo? Est-ce que la place de ce rôle existe dans sa famille? Est-ce que de donner de l'attention et de la reconnaissance pour son intérêt au dessin et aux jeux vidéo aiderait? Le père en fait est un adepte des jeux vidéo, mais comme dans ses valeurs il était important pour lui que ses enfants ne passent pas tout leur temps là-dessus, l'intérêt pour les jeux passait comme quelque chose de pas OK dans le système. Cet enfant a été suivie en psychologie, a vu un médecin, etc. et rien n'a été trouvé. J'avais vraiment la forte croyance qu'elle était en réaction à son système et que si les parents en prenaient conscience et changeaient certaines choses, tout irait mieux. Quelques semaines après cette consultation, Suzie m'annonçait que son conjoint et elle avaient porté une attention différente sur les intérêts de leur fille. Son conjoint jouait aux jeux vidéo avec elle. À un moment donné, lors d'une conversation banale en voiture, le sujet de conversation a bifurqué à propos des gens qui ont comme métier de dessiner les images des jeux vidéo. Leur fille était très excitée d'entendre cela. Ce n'est pas qu'on veuille qu'elle détermine déjà sa carrière.

L'objectif, c'est qu'elle trouve un intérêt pour quelque chose, afin qu'elle aie des passions et qu'elle puisse se découvrir à travers celles-ci.

CHAPITRE 15

Le mal de vivre

Je me retrouve une fin de semaine de mai de trois jours avec mes poulettes et je suis, on va se dire les vraies affaires, dans une énergie de marde. Tu sais ce *feeling* qui t'envahit et qui vient de je ne sais trop où, que j'ai affectueusement nommé : être dans un #étatdemardeémotionnelle. J'ai beau essayer de me mettre dedans, rien n'y fait. Pourtant, je suis super contente de passer ces trois jours de congé avec elles. J'adore particulièrement ces moments où on n'est pas dans le rush du quotidien et de la routine dodo-école-travail. Où on peut faire ce que l'on veut, se coucher plus tard, etc. Je suis du genre à gonfler un matelas et faire du camping dans le salon, se faire un feu et faire griller des guimauves à l'intérieur. Je décide donc de partir avec ma tribu à vélo jusqu'à un parc jamais exploré. La vérité, c'est que je sais qu'il y a un dépanneur tout proche où ils vendent des *popsicles* aux bananes et je veux vérifier si mes filles sont capables de s'y rendre en vélo à partir de la maison. Si tu ne le sais pas encore, les *popsicles* aux bananes, c'est la vie! Ce genre d'activité spontanée, c'est ma zone de confort. Une fois arrivées sur les lieux, les poulettes en profitent pour jouer dans les modules et j'en profite pour pratiquer mon anglais (mes formations sont données partout dans le monde, c'est pourquoi ce livre est rempli d'expressions que j'aime en anglais). J'avais tout prévu, l'eau et les collations. Mes filles ne retiennent pas des voisins, elles s'adaptent à pas mal n'importe quoi. Ce midi-là, nous avions un menu gastronomique à base de melon d'eau, *popcorn* au fromage et bonbons surettes. C'était censé être des collations, mais comme on a trop de *fun,* c'est déjà l'heure du dîner et on s'adapte! On réalise après quelques heures qu'on n'en a pas assez de jouer et on se met en direction d'un deuxième parc. On n'est pas tuables! À peine cinq minutes après être arrivées à notre deuxième destination, je réalise qu'il y a une piste de BMX située juste derrière les balançoires. Une famille est en train de faire pratiquer des jumps à leur petite fille de quatre ans, qui roule avec un vélo à deux roues. Non, mais tsé! L'évidence même! Je crie à mes filles de venir voir ça et, évidemment, elles veulent essayer. La fille de leur mère, quoi! Moi, je suis en *rollerblade,* petit fait que j'ai oublié de te mentionner et qui devient très important dans l'anecdote.

Nous arrivons au pied de la côte à gravir avant de débuter le parcours, qui de proche me semble beaucoup moins approprié pour mes trois athlètes à quatre roues... Mes filles me supplient d'essayer. Après tout, celle qui est déjà en train d'en faire est plus jeune qu'elles, alors *why not*!

Je réalise très vite que je vais devoir les assister plus que je ne le pensais. Je retire mes *rollers* et me retrouve les bas dans le sable humide. Mes deux plus grandes sont prêtes en haut et m'attendent, toutes excitées... *My god* tout d'un coup je ne suis plus certaine que ce soit une bonne idée... Ma deuxième s'élance et se plante à la première bosse (sur 28). Ma plus vieille décide d'y aller quand même et fait une méchante débarque digne des vidéos Youtube au même endroit. Nous sommes restées sur la piste de BMX presque une heure où j'ai passé la majeure partie de mon temps à essayer de les rattraper lorsqu'elles perdaient l'équilibre et à courir dans le sable à travers les côtes. J'avais réussi à convaincre mon bébé de ne pas l'essayer et elle s'amusait à courir parmi les vélos. Évidemment, ça a fini en pleurs avec des bleus et des poignets presque cassés. Il fallait en plus qu'elles soient capables de revenir sur leur vélo jusqu'à la maison. Oui, je t'entends me juger jusqu'ici où que tu sois! Juge *girl* juge! Ensuite, on a pris ça relaxe. Duh! Nous sommes retournées au parc juste avant qu'il fasse noir, mais en auto cette fois-ci!

Tout cela pour te raconter que j'adore faire des activités avec mes filles qui sortent de l'ordinaire et qui ne sont pas prévues à l'horaire. Malgré cette aventure, j'avais un sentiment de mal-être qui m'habitait. Je n'arrivais pas à m'en défaire. J'avais beau faire mon EFT, parler à mes amies, partager toutes mes pensées et mes ressentis à ma coach, rien n'y faisait. C'était étrange comme *feeling*, j'oscillais entre « *My god* que je suis chanceuse, j'ai vraiment tout ce que je veux dans la vie. » et « Osti que ma vie c'est de la marde. » Pas facile à suivre, mettons!

Je décide de me coucher tôt, question de mettre toutes les chances de mon côté et de me donner le privilège de me réveiller sans cadran. Malgré cela, je me lève le dimanche matin avec encore ce même fantôme à l'âme noire qui ne cesse de me hanter. Je décide de continuer à me battre, je pacte mes poulettes et je me dirige vers mon *gym* de *cross-fit*. Les filles sont super, elles me laissent m'entraîner sans venir me déranger. L'entraînement est super. Ce jour-là, il exigeait particulièrement beaucoup d'énergie et d'efforts. Un ballon lourd à projeter de toutes nos forces au mur et au sol... Mettons que j'avais du méchant à faire sortir et c'était parfait. Je sors donc de là gonflée à bloc et je me dis qu'enfin je vais changer d'énergie et que je vais pouvoir passer une belle journée avec mes filles. *Nope*. Je suis de retour à la maison, toujours aussi mal en point dans mon for intérieur. Ma plus grande se fait inviter chez une amie. Je décide de m'écouter. J'installe mes deux autres devant un film et je m'étends pour un p'tit *power nap*. J'arrive difficilement à dormir malgré la méga fatigue qui me pèse. Après une heure de *vedgage*, je change d'avis et je décide de me botter les fesses et de me mettre en action. Je clanche mon souper, ma vaisselle, mon lavage, même les quatre lits y passent! Tsé je *fake* le feu, comme dans l'expression *fake it until you make it*. Je me dis que je vais devenir en feu! Mis à part que mon appartement commençait à ressembler à quelque chose de vivable, *niet*. Rien du côté *mood* qui semblait vouloir s'améliorer.

Tu vois que ça arrive à tout le monde de se sentir dans cet état. Même à moi qui est coach, qui a une coach et qui a entamé ce processus de croissance personnelle depuis plusieurs années maintenant. C'est vrai que lorsque des événements plates surviennent, ça peut nous faire vivre des émotions et des moments vraiment *tough*. Mais avoir ce *feeling* de mal de vivre qui nous habite quand réellement dans notre vie tout va bien, ce n'est pas plus évident. Et c'était vraiment mon cas! OK, tu vas me dire que si je trainais ce *feeling* avec moi, c'est qu'il y avait certainement quelque chose qui n'allait pas si bien que ça et qui m'échappait pour le moment. Ma santé allait bien, ma *business* se portait bien aussi, ma famille, mes finances, mes enfants, bref, ça allait vraiment bien! J'essayais tant bien que mal de tout passer en revue et de tout rationaliser, clairement, ça ne fonctionnait pas. Jusqu'à ce que ma coach me fasse réaliser qu'il y avait de fortes chances que tout cet #étatdemardeémotionnelle ne m'appartienne pas. Là je t'entends me dire : « Comment ça elle ne t'appartenait pas? C'est toi pourtant qui la vivais! » Je ne sais pas si tu connais le mot *empath* qu'on peut traduire par hypersensible. En gros, ça définit une personne qui est très sensible à l'énergie et aux émotions des gens et des animaux, et ce, autant chez les gens proches que les inconnus. Souvent, les *empath* vont intérioriser les sentiments des autres sans le savoir et les interpréter comme étant les leurs. Je sais que tous les êtres humains ne le sont pas, mais si tu es une femme assez ouverte pour lire ce genre de livre, je peux déjà te confirmer que tu l'es. Ce que ça fait, c'est que 95 % des émotions que nous ressentons ne nous appartiennent pas! Tu imagines? Au début, j'étais vraiment très sceptique face à cette théorie. J'étais surtout en résistance parce que j'aide les gens au quotidien à mieux *dealer* avec leurs émotions et là tu es en train de me dire que de toute façon tout ça ne leur appartient pas! Mais force est de constater qu'à chaque fois que ma coach me demandait si je sentais que cela m'appartenait ou non, c'était le sentiment très fort que non qui montait en moi et tout de suite j'avais un *feeling* de légèreté qui s'installait. Et on n'a même pas besoin de savoir à qui cela appartient. Juste le réaliser, comme par magie, la lourdeur disparait!

Lors de cette fameuse fin de semaine de mai, j'ai aussi testé cette théorie et ça fonctionnait plus ou moins, au début. Ce n'était pas mon premier test. Une partie de moi me disait que c'était ça et que je devais laisser aller, mais une autre partie de moi voulait que la lourdeur reste. C'est étrange comme constatation, *right*? Tu serais surprise du nombre de personnes qui de façon volontaire et inconsciente tiennent à rester dans une certaine lourdeur. Que ce soit parce que c'est ce qu'elles connaissent, que ce soit parce qu'elles viennent chercher de la sympathie du monde extérieur ou autre, il reste qu'il y a un plus grand avantage au moment où elles vivent cette situation de rester là-dedans que d'en sortir. #truestory. Ce qui signifie qu'elles sont nourries par le fait d'être victimes de ce qu'elles vivent, ce que j'appelle « la victimite ». Et je pense sincèrement que ça serait pour notre plus grand bien que tout le monde s'en rende compte que ça existe et que ça leur arrive d'être dans une passe de « victimite » de temps à autre. Nous vivons en société, il est plus que temps que tout le monde sorte de sa grotte!

Lundi, lors de notre troisième journée de congé, j'ai DÉCIDÉ, et ce, peu importe la raison qui se cachait derrière ce mal de vivre, que je ne resterais pas dans cet état. Tu as bien lu. J'ai fait le choix que, malgré les pensées et les croyances qui me maintenaient dans cet état, je choisissais que cela ne m'appartenait pas. Je sais, je sais. Facile à dire, pas facile à faire. Mais comme je t'ai dit, une partie de moi savait que mon mental faisait exprès de rester dans cet état pour une raison que j'ignorais. Donc, je pouvais faire un choix différent. Nous le pouvons tous, toujours. Alors cela m'arrive aussi de vivre des #étatdemardeémotionnel. La seule différence, après toutes mes années à apprendre à me connaître, tous mes outils appris et mis en pratique et surtout, à ne plus vivre ces moments seule, ces états sont moins fréquents et restent 10 fois moins longtemps. Avant, ce genre de moment m'aurait tenaillée toute la semaine, que dis-je, ils m'auraient suivie plusieurs mois. Faire une pause, prendre du recul et changer de perception accélèrent le processus!

Sache qu'avant mon *breaktrough*, j'ai craqué ce lundi-là au cours de l'avant-midi. Eh oui, j'ai craqué et pleuré devant mes filles qui m'ont flattée le dos quelques instants. J'ai cette croyance qu'en tant que mère, nous sommes toujours un exemple. Et de montrer à nos enfants que l'on peut flancher et avoir de la peine, vivre des émotions quoi, est tout à fait sain. Démontrer cette vulnérabilité, c'est aussi leur démontrer qu'être une femme, c'est agir pour atteindre nos objectifs et que sur cette route, il peut y avoir des moments plus difficiles que d'autres. Démontrer à mes filles que c'est OK de vivre des émotions, que c'est OK de ne pas toujours comprendre ce qui nous arrive, mais que l'important c'est de toujours croire en soi, *no matter what*, est un incroyable exemple. OK je n'ai pas fait exprès de vivre cette fin de semaine plutôt difficile dans ce but. Mais tant qu'à y être, elles savent que je ne suis pas moins ou plus parce que je vis ce que je vis de la façon dont je le vis. Je suis qui je suis et de plus en plus chaque jour je fais une danse de la joie d'être cette personne. J'espère sincèrement qu'elles apprennent déjà à respecter et à aimer les êtres humains incroyables qu'elles sont. Mes filles sont déjà exceptionnelles. Elles se soucient et aiment les autres et tendent déjà à vouloir faire une différence dans ce monde. Mon objectif est loin de ne pas être capable de gérer mes émotions au point où mes propres enfants se retrouvent à en payer le prix. Je crois que si nous nous responsabilisons pour notre propre bonheur, nos enfants seront heureux aussi.

Nous avons terminé la journée en déconnant, en jouant à la Wii et je me suis mise à danser. C'est là que ma plus grande m'a dit : « Tu vois maman, ça t'a redonné un peu de joie dans ton cœur. » Nous sommes des femmes exceptionnelles. Il est normal pour nous de nous poser des milliers de questions et de toujours vouloir nous assurer de faire le bon choix, le meilleur selon la situation et selon qui nous sommes. Tu sais, le genre de femmes à vouloir faire une différence. Alors, c'est ce qui fait que lorsqu'on commence à ouvrir notre conscience, cela vient avec ce genre de mini crash. On sait que l'on fait tout ce qu'il faut et on sait que nous sommes tout ce qu'il faut, mais encore. Nous portons parfois cette douloureuse impression de ne pas être assez. Tu dois passer à travers cette phase. Phase qui reviendra sûrement de façon aléatoire, comme lors de cette merveilleuse fin de semaine de mai. Je dis merveilleuse, car après ces trois jours intenses, j'ai compris encore une fois beaucoup de choses. J'ai appris à mieux me comprendre. Et j'ai surtout mis fin à cette stratégie qui était devenue très limitante pour moi, soit celle de rester volontairement dans ce *darkmood* pour avoir de la sympathie extérieure. Non, mais quelle stratégie contraignante quand même! Surtout quand tu ne dis pas à personne que tu ne *feel* pas!

Pendant que tu lisais ce chapitre, peut-être que tu as eu des pensées comme « *Oh my god*, ça m'arrive tellement à moi aussi d'avoir ce genre de *mood* qui arrive de nulle part! » ou encore « Elle est fatiguée que pour ça! » Peu importe ce qui a traversé ton esprit au moment où tu lisais ces lignes ou n'importe quelles lignes de ce livre, ce ne sont que des observations guidées par ta perception. En d'autres mots, ce ne sont que des points de vue intéressants. Et ce qui est primordial à réaliser ici, c'est que de prendre le temps d'observer ces différentes réflexions va éclairer tes croyances et fort probablement t'amener à comprendre ce qui t'empêche d'avoir ce que tu veux dans la vie. Ces réflexions et points de vue intéressants parlent de toi ma chère! Peu importe ce que tu penses dans la vie, même si sur le coup ça te fait du bien et que tout de suite après tu te sens mal d'avoir eu ce genre de jugement, on s'en fout! Ce n'est pas grave! Tout le monde juge et le fait que tu te juges d'avoir jugé démontre déjà ta grande capacité d'introspection et de vouloir être une meilleure version de toi-même. Mais cesse cette diablesse habitude dès maintenant et mets ton énergie sur quelque chose de plus aidant et constructif. Observe de quelles façons tes jugements parlent de toi. Par exemple, peut-être que lorsque tu as lu que j'avais eu un *crashdown* tu t'es dit : « Ben là! La fille est belle, fine, intelligente, en santé, a des enfants en santé, peut se permettre d'aller dans un *gym*, a même la détermination d'y aller avec constance, pourquoi elle aurait ce mal de vivre qui l'habite? » Prends deux minutes pour observer ces pensées, car elles parlent de toi, de l'estime que tu te portes, de tes objectifs, de ce que tu aimerais, de ce que tu penses mériter ou pas. *My friend,* ce genre d'introspection, c'est ça vivre sa vulnérabilité et y faire face!

EFT

L'EFT qui signifie *Emotional Freedom Technique* ou technique de libération émotionnelle est comme le dit Gary Craig, fondateur de l'EFT, la version émotionnelle de l'acupuncture sans aiguille. Il l'a aussi appelé « tapping ». J'ai connu pour la première fois cette technique lors d'un des séminaires que j'ai suivis avec Alexandre Nadeau. Depuis le printemps 2018, j'utilise cette technique tous les jours afin de me libérer de toutes les émotions ainsi que des croyances qui m'empêchent d'atteindre mes objectifs.

Le principe de base de l'EFT est qu'elle se concentre sur l'émotion pour supprimer la cause du mal (physique, mentale, émotionnelle). Il est possible d'éliminer le problème émotionnel à un niveau suffisamment profond pour qu'une guérison physique s'ensuive! Si l'énergie circulant le long des méridiens de notre corps ne le fait pas bien, la santé s'en ressent. Si on stimule les méridiens en les tapotant du bout des doigts, cela remet l'énergie en circulation de façon adéquate en envoyant à votre inconscient des signaux de bien-être. Cette action doit se faire tout en disant à haute voix ce que vous vivez difficilement au même moment. À ce moment-là, votre inconscient enregistre une sensation de bien-être et se défait du négatif en lien avec ce que vous vivez.

Des personnes vivant d'intenses problèmes émotionnels les voient disparaitre. Il arrive que quelques minutes suffisent pour faire disparaitre une émotion que l'on conserve depuis des années. Ainsi, dès que vous commencez à vous occuper de ces problèmes émotionnels et les résoudre réellement, les manifestations physiques disparaissent.

Ce qui bloque le plus la fluidité de l'énergie, c'est la façon dont les problèmes émotionnels et les traumatismes du passé sont enregistrés dans le corps. L'EFT va à la source du blocage et permet d'en traiter tous les effets secondaires, tels que les dépendances.

J'ai repris la technique apprise lors de la formation et je l'ai mixée avec des phrases typiques que l'on retrouve dans l'approche Access Consciousness. Voici un schéma des huit points qu'Alexandre utilise dans sa séquence et que j'utilise, mais il en existe plusieurs autres :

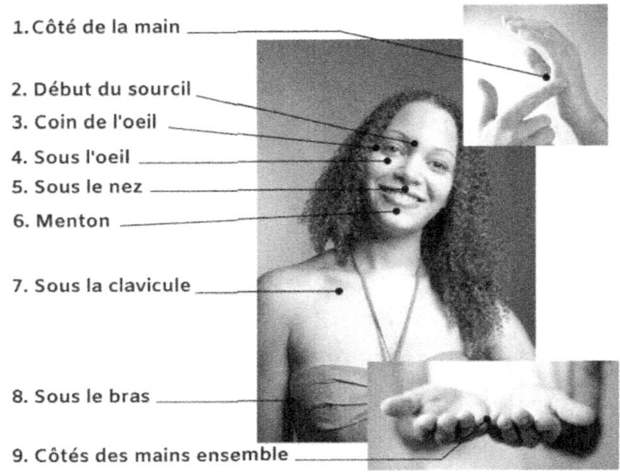

L'idée, c'est de tapoter tout doucement, tu n'es pas censée ressentir de la douleur, chacun des points dans l'ordre (je donne un ordre, mais il est facultatif, l'important, c'est que l'émotion sorte) pendant tout le temps nécessaire. Tu peux passer dix secondes sur un point et deux minutes sur un autre, ce n'est pas important. Il est absolument nécessaire que tes phrases soient dites à haute voix, puisque ton cerveau n'intègre pas de la même façon lorsque c'est seulement ton discours interne. Trouve-toi un moment et un espace où tu peux avoir la tranquillité nécessaire. Quand je suis avec mes filles, je le fais dans la douche ou encore dans l'auto en revenant de la garderie. Tu te mets dans un état de moment présent et tu commences à taper sur le premier point d'acupuncture en nommant les émotions et ce que tu vis. Ça peut être : « Je me tape tellement sur les nerfs quand je n'arrive pas à faire xyz. Je n'ai pas de volonté. O*** que je suis à boute de mon voisin qui fait du bruit jusqu'à 2 h du matin tous les jours. » En fait, tout ce qui monte et te passe par la tête au moment où tu fais l'EFT est bon. Tu peux te préparer des phrases si tu veux, mais y'a rien de mieux que le moment présent, alors nomme toutes tes pensées et toutes tes émotions, même si ça semble avoir ni queue ni tête. De temps en temps, tu insères à ton discours la phrase « Je m'accepte comme ça et je me pardonne » et tu ajoutes les phrases d'Access, telles que : « Tout de la vie me vient avec aisance, joie et gloire. Comment ça peut être mieux que ça et quoi d'autre est possible? Dans quelle énergie, espace, conscience puis-je être pour... » À force de le faire chaque jour, il se peut que tu n'aies plus d'émotions négatives à te défaire, il ne nous arrive pas des événements désagréables tous les jours, *right*? Si tu fais le ménage de tout ce que tu as accumulé, il se peut que tu te sentes bien et ça ferait du sens puisque c'est exactement ça le but de l'EFT! Ce que je fais, après plusieurs mois de libération, c'est que je nomme à voix haute les objectifs que j'aimerais atteindre et toutes les pensées qui montent (qui sont pour la plupart mes patterns et mes croyances limitantes) et je les défais avec l'EFT. Voici quelques exemples : » Je gagne facilement 100 000 $ par année d'ici le 15 décembre. Je perds facilement 10 livres d'ici le 8 juillet. Je rencontre facilement l'homme de ma vie d'ici le 30 juin. » Il est important pour moi d'ajouter le mot « facilement » pour laisser place à plusieurs façons que mes objectifs soient atteints, entre autres, l'argent peut se gagner de plus d'une manière. On ne doit pas croire qu'il y a uniquement le fait de travailler davantage qui peut nous permettre d'en gagner.

Voici un résumé de ma façon de faire l'EFT

Étapes :

1. Tape sur le point 1.

2. Nomme ton objectif à voix haute.

3. Nomme ce que tu vis qui te dérange en ce moment dans ta vie ainsi que toutes les pensées qui pop-up dans ta tête en lien avec ton objectif. Exemples : Je ne gagnerai jamais cet argent. Je suis qui pour faire autant d'argent? Je ne serai jamais capable de gérer un tel montant. Avoir un tel objectif fait de moi une personne avec des valeurs « pas à la bonne place ».

4. Dis la phrase « Je m'accepte comme ça et me pardonne. »

5. Dis la phrase « Tout de la vie me vient avec aisance, joie et gloire, comment cela peut être encore mieux que ça et quoi d'autre est possible. »

6. Dis la phrase « Dans quelle énergie, espace, conscience puis-je être pour X (renomme ton objectif).

7. Refais le même processus pour tous tes objectifs.

8. Prends le temps de ressentir le feeling intérieur qui t'habite après avoir fait le processus.

9. Recommence chaque jour.

*Tu peux faire seulement un tour de tous les points en passant plusieurs secondes/minutes sur chacun ou tu peux faire plusieurs cycles de tous les points. Ma séance d'EFT varie entre cinq et quinze minutes chaque jour.

CHAPITRE 16

Les relations

Une fois qu'on se connecte à soi, une fois qu'on fait du ménage à l'intérieur de soi, qu'on arrête de traîner tout ce qui ne nous appartient pas, qu'on arrête de se juger intensément, parce que, *my god* qu'on est des *freak* exigeantes envers elles-mêmes, et qu'on réalise à quel point nous sommes *awesome*, il y a quelque chose de presque magique qui se passe dans l'énergie. Et cette magie se met à travailler pour nous et à nous apporter des choses que nous n'aurions même pas pu imaginer dans notre cerveau de gremlins. Parmi ces choses magiques, en plus d'attirer des comportements différents des gens qui font déjà partie de ta vie (genre complètement différents), tu te mets à attirer des gens qui t'aiment vraiment pour qui tu es, qui veulent ton bonheur et qui te font sentir comme une *fucking rockstar* même quand t'es toute croche pis que tu ne fous rien! Malade, non? Ça m'a pris un moment à m'habituer à ce genre de relations, parce que, qui dit personnes incroyables qui t'entourent, dit recevoir de l'amour de tout bord tout côté de ces dernières et comme nous l'avons vu, ce n'est pas notre plus grande force! Lorsqu'on a de la difficulté à recevoir (ici je généralise l'idée à la majorité des femmes, car c'est ce que j'ai observé chez des milliers ces dernières années), c'est souvent parce qu'on se dévalorise. Par exemple, il m'est arrivé de rencontrer une de ces personnes qui était complètement épatée par ma personnalité. Mais vraiment épatée! Et pas dans un contexte où je n'avais pas sorti mon meilleur jeu (quand est-ce que l'on se permet d'être complètement soi-même sans compromis? Où l'on ne se pose pas de questions? Où c'est complètement facile, car nous sommes simplement qui nous sommes, avec tout ce que ça implique?) OK, je suis une fille extraordinaire donc juste « être » c'est sortir mon meilleur jeu (*by the way*, c'est exactement le genre de réflexion que tu serais sensée avoir à propos de toi-même, c'est même un minimum!). Alors, je rencontre cette personne et je suis moi-même, mais comme je ne l'ai jamais été. Je parle sans arrêt, je suis intense, stressée, un peu gênée même. Je gesticule tellement que j'accroche mon verre et je fais tout un dégât dans le restaurant. Et l'autre personne est juste là à me regarder et sourit. Je sens dans son regard que ce qu'elle voit chez moi c'est beaucoup plus que ce que je lui présente sur le moment. Elle me regarde comme si elle voyait mon âme, comme si peu importe ce que je serais en train de lui déblatérer, elle connectait avec mon essence, mon *naked me* (sérieux ça fait peur juste de l'écrire). Tu sais, cette partie de toi que tu ne montres pratiquement jamais à quelqu'un, peut-être même pas à ton amoureux en ce moment, par peur d'être rejetée, par peur d'être vraiment aimée... C'était tellement intense, que j'ai pensé que c'était plus que ce que j'avais demandé. Parce que oui, il y a un moment dans ma vie où j'ai décidé que je voulais *upgrader* ma *game* au niveau de mes relations (ce que l'on devrait toutes faire à un moment ou à un autre). Je voulais être entourée de gens inspirants et déterminés, qui eux aussi ont cette rage interne de vouloir changer le monde!

Alors je sors de cette rencontre et je me dis que c'est encore plus que ce que j'osais à peine espérer. La personne m'accepte tellement comme je suis que ça me fait presque peur. Mais de kessé?! L'idée, c'est qu'on se dévalorise tellement, qu'on est habituées de s'entourer de relations qui nous coûtent cher en énergie. J'appelle ce concept le +4/-22. Tu sais tout ce qui t'aide un peu dans ta vie, mais qui te coûte x1000 en énergie tellement c'est lourd? Par exemple, tu as un emploi qui te procure une certaine stabilité, mais tu es tellement malheureuse dans ce travail que ça te prend tout ton p'tit change afin de te lever le matin pour te motiver. Tu comptes les jours avant que ton vendredi arrive. Pour moi c'est un +4/-22. Ou encore, tu demandes à une amie de venir te donner un coup de main avec tes enfants et elle passe la journée à se plaindre de tout et de rien, c'est encore un bon exemple de +4/-22. En fait, le concept c'est que tout ce qui t'apporte une certaine aide (parfois on croit à tort que ça nous aide, car on a peur de se retrouver seule, peur du changement, peur que ce changement soit pire que ce qu'on a déjà), mais qu'au final te donne une sensation de lourdeur à l'intérieur de toi à chaque fois, représente une situation +4/-22.

Je t'invite dès maintenant, *live*, à prendre un 5-10 minutes pour faire le tour de toutes les sphères de ta vie (financière, sociale, professionnelle, amoureuse, environnement, familiale, santé physique, santé mentale, spirituelle) pour observer si, lorsque tu penses à chacune, ça te semble léger ou non. Dès que tu as une sensation de lourdeur, c'est que ce n'est pas léger, *right*? Parce que si c'était léger, ça le serait à 100 %. Dès que tu sens à l'intérieur de toi un petit pincement, un *feeling* qu'il y a quelque chose qui cloche, c'est que tu es en train de te mentir à toi-même. Tu ne te respectes pas complètement dans cette situation et il y a mieux qui t'attend. Je te garantis à 100 % que lorsque l'on se choisit totalement c'est toujours payant. Payant dans le sens plus avantageux pour soi. Que ce soit aux niveaux amoureux, professionnel, financier, amical ou santé, à chaque fois il y a quelque chose de mieux qui t'attend de l'autre côté de cette décision. Décision qui n'est pas toujours facile à prendre, je l'avoue. Mais décision qui fera toute la différence pour la suite des choses, crois-moi.

Revenons à cette personne qui me regardait, en me disant que c'est plus que ce que j'étais capable de m'imaginer recevoir. Et mon amie de me dire, lorsque je lui raconte toute cette histoire, que ce n'est pas au-dessus de ce que j'espérais, c'est simplement que je ne suis pas habituée. Wowwwww! Tu sais le genre de commentaire qui en une fraction de seconde change complètement ta perception face à quelque chose? Je n'étais tout simplement pas encore habituée à être appréciée pour qui je suis réellement. Sans avoir peur de décevoir. Sans avoir peur d'être rejetée. Sans avoir peur d'être aimée. Être aussi capable de recevoir toute cette reconnaissance totalement gratuite parce que tu es toi. Point. Je te raconte tout ça et j'en ai encore des frissons. À partir de ce moment, je me suis dit que je n'exigerais plus jamais moins que cette reconnaissance dans toutes mes relations. Et c'est exactement ce qui s'est passé dans toutes les sphères de ma vie. Mes partenariats, mon équipe, mes étudiantes, mes clientes, mes amies, je me suis mise à m'entourer de gens qui voyaient la personne exceptionnelle que je suis. Une sensation de vantardise m'est apparue au moment de t'écrire ces lignes, mais c'est exactement ce qui s'est passé. Les gens dans mon entourage n'en finissent plus de finir de me trouver *fucking* ça coche et ils me le disent constamment.

Petite parenthèse sur moi, je n'ai pas toujours eu autant de gens autour de moi qui me percevaient de cette façon. Cela part encore une fois de comment moi je me voyais et donc, des gens que j'attirais qui voyaient eux aussi ce que je voyais. Est-ce que tu me suis? Si je me trouve bof, ben j'ai une certaine attitude et des comportements qui vont de pair avec cette vision que j'ai de moi-même et en plus je fais des choix qui concordent avec cette vision bof. Évidemment que mon entourage est différent si je me perçois *fucking* ça coche! Je suis entourée de relations hyper épanouissantes, tellement que lorsque je rencontre un prospect amoureux, j'ai une armée d'amies qui veulent s'assurer qu'il est vraiment à la hauteur de la personne extraordinaire que je suis. Et je dis ça très humblement, je relate des faits. Fais extrêmement attention à la valeur que tu t'attribues. Comme dit l'adage, ce n'est pas la quantité qui compte, mais bien la qualité! Des relations épanouissantes ça s'entretient tout seul pratiquement! Tu n'as pas d'effort à faire, car tu souhaites créer ces moments magiques avec ces gens.

Comment te sens-tu en ce moment avec les gens qui t'entourent? Qu'est-ce que ça dit? Exiges-tu la crème de la crème dans tes relations? Arrives-tu à recevoir tout cet amour juste parce que tu es toi? Je reviens là-dessus, mais en cette seconde précise, à combien évalues-tu ta propre valeur? Es-tu capable de reconnaître que même quand tu te juges et que tu es déçue de toi-même, tu es *fucking* ça coche?

Les relations amoureuses

Parlons maintenant précisément des relations amoureuses. Il y a quelqu'un qui m'a dit un jour que des matchs d'haleine ça existait! Connais-tu ça le « match » d'haleine? Pour moi ça a complètement résumé comment je vois les relations entre deux personnes. Parfois, tu embrasses quelqu'un et peu importe son hygiène buccale, elle se brosse les dents, se gargarise avec de l'eau de javel, y'a rien à faire, ça goûte dégueu... Eh bien, savais-tu que tout ça est une question de chimie? Et que ça ne veut pas nécessairement dire qu'elle a vraiment mauvaise haleine, mais que c'est simplement un mauvais *fit* pour toi? Donc, la fameuse personne avec qui tu te fais toi-même miroiter que tu as peut-être un futur, si quand tu l'embrasses ça te lève le cœur, ben c'est un signe qu'il y a un meilleur *fit* qui existe pour toi. OK j'exagère un peu avec mon haut le cœur et j'entends des jugements jusqu'ici qui me disent que y'a pas juste ça dans la vie la chimie, l'attirance sexuelle et le physique. Qu'il y a d'autres choses de plus important. Reste que quand tu n'as pas ça, tu fais le choix conscient de rester dans cette relation en sachant que c'est ton rationnel qui a décidé que c'était un *fit* et non ton intuition et ta véritable *vibe*.

Crois-tu aux fameux signes? Tu sais que c'est toi qui décides si le signe auquel tu donnes de l'attention fait du sens et si ce dernier est positif ou négatif, *right*? Tout ça démontre qu'une majorité d'entre nous avons encore de la difficulté à nous accepter, à être nous-mêmes en plus de chercher une personne pour combler cette blessure, ce manque. Plusieurs disent qu'il faut être bien avec soi-même avant d'entrer en relation avec quelqu'un d'autre. Évidemment, si tu es en dépression (ou que tu *feel* moyen), que tu as une faible estime de toi et que tu *date* quelqu'un, tu risques d'attirer des gens qui correspondent à ce que tu dégages.

Quand est-ce qu'on est assez bien avec soi-même pour être en couple? Je ne crois pas en ça. On ne finit jamais d'évoluer et de devenir une meilleure version de soi-même. D'autres vont dire qu'il faut être bien seule, qu'il faut que ça fasse x nombre de temps que tu sois seule versus la durée de ta dernière relation, etc. Bref, tout le monde possède un point de vue intéressant, à cette question. Pour la plupart, ils ne sont pas si heureux que ça dans leur couple. C'est une minorité de gens que j'ai rencontrés qui s'épanouit réellement dans leur relation de couple. Je trouve ça vraiment triste. Pas que ce n'est pas OK pour les autres, car ce n'est que mon point de vue intéressant sur ce que devrait être une relation. Mais je pense quand même qu'au minimum elle devrait permettre aux deux personnes d'être complètement elles-mêmes.

Un espace existe pour cette liberté où il y a de la gratitude, de la bienveillance et du non-jugement pour les deux personnes. Idéalement, on ne doit pas avoir BESOIN, mais bien avoir ENVIE d'être avec quelqu'un dans sa vie, car elle agrémente notre aventure. Les gens que j'ai jugés malheureux dans leur relation, ce n'est que par rapport à ce que je vois qui pourrait être différent pour eux. Et je peux te confirmer que la majorité du temps, ce n'est même pas en se séparant que les gens vont mieux, mais plutôt en apprenant à se connaître davantage et par le fait même, à connaître l'autre.

Tu as beau avoir rédigé une belle liste sur papier des critères auxquels l'autre personne doit correspondre pour être *awesome*, si la personne répond à tes critères (les filles ne font pas ça dresser une liste de qualités que doit avoir leur prince charmant... mais entre nous, on peut se l'dire, on a toutes fait ça à un moment donné dans notre vie!), mais que tu ne ressens pas d'attirance ou encore comme on dit, que tu n'as pas l'goût de le ou la frencher, ben c'est qu'il existe une autre personne mieux assortie pour toi! Merci bonsoir, y'a autre chose de mieux pour toi qui t'attend. Pas une meilleure personne, juste une personne mieux assortie. Comme dans une boîte de chocolats.

Chimie et chimie d'énergie

Connais-tu la différence entre la chimie et la chimie d'énergie? Je suis certaine que oui! Plusieurs personnes expliquent l'attirance envers une autre personne par la « chimie » qu'il y a entre les deux. Même les scientifiques reconnaissent son existence, sans être capables de l'expliquer. Ce n'est pas quelque chose qui s'explique, c'est quelque chose qui se vit! Comme dans l'être et non dans le faire. Cette attirance, cette facilité avec un autre être humain nous fait ressentir une connexion à un tout autre niveau.

Quelqu'un m'a dernièrement demandé comment j'aidais mes clientes à trouver le parfait bonheur dans leurs relations. C'est ici que je te dévoile tous mes secrets. Premièrement, je leur demande de faire une liste qui comprend les micros détails que tu souhaites retrouver chez la personne de tes rêves. Sans censure. Sans jugement. Tu y mets TOUT ce qui doit correspondre à qui tu es, à ton niveau. Je t'avoue qu'étant passée maître du caméléon, j'ai eu souvent tendance à choisir des hommes qui correspondaient à 75 % avec qui j'étais et j'me disais : « Bah c'est OK, j'vais m'adapter pour faire arrimer le reste. » Ça te semble familier ce que je te dis? J'ai réalisé que j'ai utilisé cette stratégie plusieurs fois dans ma vie. Par peur d'être seule, par jugement de me trouver superficielle de *bugger* sur des détails. Jusqu'au jour où j'ai décidé de m'honorer, de me respecter et d'être moi-même. Avec mon intensité, avec ma folie, avec ma détermination outre mesure (selon des points de vue intéressants d'autrui), j'ai assumé tout ce qui fait qui je suis (vraiment tout, avec mes pires défauts) et arriva ce qui devait arriver, j'ai rencontré une personne amoureuse de ce tout. Qui en redemande encore. Peux-tu imaginer? La réponse est oui! Tu peux l'imaginer, car ça existe!

Donc on me demande comment je fais pour aider mes clientes à trouver l'amour, tu sais celui qui te chavire, celui qui fait qu'on ne porte plus par terre, qui nous fait réaliser que la vie vaut la peine d'être vécue. Tu sais? Je pense sincèrement que tout le monde mérite d'être aimé; Qu'il y a du bon en chacun de nous et que même les gens qui ne le démontrent pas tant que ça ont cette partie aimable au fond d'eux pour qui ils sont vraiment. Revenons à la liste que je conseille d'écrire. Il arrive aussi qu'une personne me dise : « Ah OK oui, mais je l'ai déjà fait cette liste. » Et je lui réponds : « Oui tu l'as fait sur papier, mais l'as-tu aussi fait dans l'énergie? » Je m'explique. Tu as beau avoir fait ta *bucket list* de ce que ton prince charmant doit posséder pour te satisfaire, si tu n'y crois pas sincèrement que ça peut exister, si tu doutes que tu mérites une telle personne, alors dans l'énergie tu es loin de créer cette réalité. En fait, ça revient à ce que je te disais plus tôt, tu as en ce moment la réalité que tu as toi-même créée. Afin de créer la réalité de l'homme parfait pour toi, tu dois aussi le *caller* dans l'énergie.

CHAPITRE 17

Les relations *part two* – qu'est-ce qu'on fait avec son chum?

Commencer à faire une démarche de croissance personnelle, commencer à apprendre à se connaître réellement va nécessairement influencer votre relation amoureuse. Si te faire couper la route affecte ton humeur, si la température affecte ton humeur, il est inévitable de penser que lire ces pages et faire toutes ces prises de conscience va changer des choses dans ton couple. Cela ne veut pas dire que tu vas te séparer, mais sois consciente que ça va bouger! Ça se peut que tu sois avec ton conjoint pour une ou plusieurs raisons x : il comble certains besoins chez toi et vice versa ou correspondre à une dynamique personnelle. Par exemple ta petite fille intérieure prend beaucoup de place dans ta relation amoureuse et tu as besoin de te sentir rassurée (dynamique petite fille/père). Pas dans le sens incestueux, mais plutôt dans le sens où tu as besoin de lui pour te soutenir et subvenir à tes besoins et il a besoin de combler tes besoins pour se sentir utile et gratifié. Dans ce cas, dès que tu commenceras à prendre soin de ta petite fille, cela aura une conséquence sur la dynamique de ta relation. Être en couple, c'est comme une danse. Puisque nous évoluons tous, tout le temps, lorsqu'un des partenaires évolue dans la relation, l'autre va réagir en répondant avec son propre mouvement. Cela ne veut pas dire que vous danserez au même rythme, mais il y aura assurément du mouvement.

La complicité dans un couple, c'est lorsqu'on arrive à se responsabiliser suffisamment pour combler nos propres besoins et qu'on permet à l'autre de briller dans l'équipe, #loveteam. Trop souvent, les couples oublient qu'ils forment une équipe, qu'ils sont dans la même équipe. Alors rappelez-vous à chaque instant que vous avez choisi cette personne, car elle était différente de vous, elle vous plaisait, vous faisait rire, etc.

Il faut donc que tu adoptes le rôle du catalyseur de brillance. Rôle qui, par son appellation, permet de briller. Comment faire pour que cette personne qui partage ta vie puisse briller? Tu as bien lu! Comment faire pour permettre à ta douce moitié d'être le plus en valeur possible? Imaginons que ton partenaire est représenté par Ovechkin, un des plus grands joueurs de la Ligue nationale de hockey. Ovechkin ne compte pas ses buts seul, il a besoin de son équipe pour capitaliser. Comment fais-tu pour faire une passe au bon moment, au bon endroit, afin que ton Ovechkin puisse compter un but?

Ce que je constate la plupart du temps, c'est que nous sommes davantage dans un rôle d'inspecteur des erreurs. Nous observons les faits et gestes de l'autre afin de le prendre en défaut... Pour faire en sorte de ne pas se trouver si pire que ça... On est loin d'une super complicité, non?

Développer une complicité amoureuse ou une complicité tout court avec une autre personne, c'est être capable de reconnaître ce qui nous appartient, ce qui appartient à l'autre, faire la part des choses en n'ayant pas besoin à tout prix de prendre soin de ses propres besoins afin d'être complètement attentive à l'autre. Une complicité à ce niveau, c'est reconnaître les changements d'état, d'émotions chez notre partenaire comme on reconnaît les pleurs d'un bébé. Il/elle hausse les sourcils et on sait exactement ce qui se passe dans sa tête et comment il/elle se sent.

Pour moi l'amour, oui ça part d'un ressenti d'excitation et de papillons ou encore de complicité avec l'autre. C'est également faire le choix chaque jour que demain je serai amoureuse de mon conjoint. Partager notre vie avec une autre personne apporte son lot de ouffff. En prenant connaissance de qui on est vraiment, en prenant conscience que nous avons du pouvoir sur tout ce que l'on vit, en se responsabilisant et en décidant que l'on est amoureux de notre partenaire ou non, cela fera toute la différence! Je choisis consciemment et volontairement de m'investir et de vivre la réelle relation avec cette personne telle qu'elle est.

Avant d'en arriver à la responsabilisation d'équipe, on doit évidemment passer par la responsabilisation de soi. Fréquemment, les conjoints se fient sur l'un et l'autre afin de combler leurs besoins, ce qui rend la relation très lourde, non satisfaisante et met plus souvent qu'autrement l'autre dans une mission impossible. Notre conjoint est censé nous inspirer, nous apporter de la légèreté et de la spontanéité. Il n'est en aucun cas responsable de nos besoins. Lorsque je partage cette vision à mes clientes, je constate des questionnements et des remises en question de leurs croyances et de leur définition d'une relation de couple.

Maintenant que tu as décidé de prendre le taureau par les cornes, qu'est-ce que tu fais avec ton chum qui en ce moment réagit parce que tu fais bouger le système? Tu te dis que c'est n'importe quoi son comportement et lui ne comprend pas pourquoi tu en fais autant à essayer d'être heureuse : « Voyons on était bien pourtant? » Tu sais quoi? Ça se peut que lui était heureux. Par expérience, si l'un des deux partenaires ne l'est pas, c'est dire que le couple ne l'est pas non plus, *right*? Là tu lis plein de choses depuis le début du livre, tu fais plein de prises de conscience et tu dis avec enthousiasme à ton chum : « Hey tu ne sais pas quoi, la raison pour laquelle on se pogne tout le temps à tel sujet, c'est à cause de ça. », « Hey tu ne sais pas quoi, j'avais raison de penser que ta mère est folle, c'est à cause de xyz. » ou « Hey je vais dans ta carte du monde, toi aussi tu pourrais faire un effort et venir dans la mienne. » Hilala! Tu as maintenant attrapé ma pauvre maladie. Tu parles chinois pour un bon nombre de personnes. Lis bien ce qui suit. Ce n'est pas parce que tu as fait ces prises de conscience que lui a nécessairement besoin de les faire afin que votre couple aille bien ou mieux. Puis entre toi et moi, les conjoints n'aiment pas vraiment ça se faire coacher par leur blonde, ça les fait même pas mal suer.

#truestory

J'ai une cliente que je coache depuis plusieurs années qui insistait au départ afin que son chum vienne consulter. Des fois, mes clientes tombent dans une phase *c'est-déjà-moi-qui-fait-toute-tout-le-*

temps-pourquoi-ça-serait-moi-encore-qui-ferait-cette-démarche-toute-seule. Moi de leur répondre : « C'est toi qui es dans la conscience de ce qui se passe, donc qui a le plus de chance de faire bouger le système rapidement. » D'après moi, comme elles sont un peu beaucoup rendues à boute de se sentir ainsi, elles adhèrent à mon point de vue intéressant et s'approprient la démarche. Comme je disais plus haut, avant d'entreprendre une démarche de couple, c'est souvent important de faire un bout de chemin seule pour se mettre dans un *mood* de bien-être. Tu dois être capable de comprendre un minimum ce que tu vis et ce que tu ressens avant d'être capable d'être attentive et présente à l'autre. Donc, ma cliente accepte de venir me consulter seule. Dès les débuts de la démarche, elle voit des changements positifs se produire chez son chum. Est-ce qu'on est surprises? Pas vraiment! Rappelle-toi le fameux système! Si elle diminue son stress, fait disparaître son amertume et retrouve une plus grande joie de vivre, comment cela n'influencerait pas l'attitude et les comportements de son chum? Ce qui est encore plus intéressant, c'est qu'un jour, après environ deux ans de coaching et sans qu'une seule fois je n'aie vu son chum en consultation, elle m'a laissé un message hyper inspirant. Elle venait d'avoir un bébé quelques mois plus tôt, son deuxième avec son conjoint. Elle m'a partagé une discussion qu'elle venait d'avoir avec lui sur son rôle de père. À quel point elle était fière d'avoir été à l'écoute de ce qu'il vivait, de ses besoins, de comment il avait envie de vivre la situation, mais tout en lui partageant à son tour comment elle se sentait, sans accepter tout sans rien dire. Elle lui a partagé son opinion et ses trucs pour l'aider, sans être dans une attitude de jugement et elle m'a même dit qu'ils avaient réussi à avoir une vraie discussion où elle avait partagé tout ce qu'elle vivait et ressentait en continuant de lui permettre de briller et de scorer. J'étais tellement émue d'être témoin de la qualité de la communication qu'ils avaient réussi à développer avec les années et tout ça sans que son chum consulte! J'étais très contente pour eux. C'est comme ça que je fonctionne... Je suis toujours très émue et très heureuse du bonheur de mes clientes. Ça représente 90 % de ma paye! Le nombre de fois que j'écris à mes clientes que je suis heureuse pour elles, je ne peux les compter.

Faire ce type d'introspection à propos de notre couple peut mener à un changement de dynamique. Comme je t'en ai parlé plus haut, il existe fort probablement une dynamique de départ dans laquelle vous vous êtes rencontrés. J'ai donné l'exemple de la petite fille et du pourvoyeur, mais il en existe plusieurs autres, tels que l'inverse, soit le petit garçon intérieur et la mère, où la femme prend vraiment tout en charge et que l'homme se laisse volontairement dans une situation de déresponsabilisation. Peu importe la dynamique que vous avez ton chum et toi en ce moment, ce n'est pas tant ça qui importe. Ce qui importe, c'est que tu sois consciente que si tu changes cela va influencer tout le système, dont cette dynamique. Une réaction du conjoint est à prévoir. Et n'oublie pas que lorsque je dis « si tu changes », je ne parle pas nécessairement d'une méga transformation. Si tu es rendue ici dans ta lecture, tu as probablement déjà fait une ou plusieurs prises de conscience face à ta réalité et ça, c'est suffisant pour initier du changement.

Une autre anecdote

Brigitte, une autre de mes clientes, a décidé qu'elle en avait assez de manquer de confiance en elle et voulait plus dans sa vie, cesser de se sentir coupable pour tout, de sentir qu'elle n'était pas à la hauteur comme fille, comme mère, comme amoureuse et même comme femme. Je suis certaine qu'à la seule lecture de cette dernière phrase, tu es capable de sentir toute la lourdeur de ce sentiment de n'être jamais assez. Peut-être que c'est ce que tu vis en ce moment et je te souhaite sincèrement de reconnecter avec la personne extraordinaire que tu es.

Ma cliente me rencontre pour un manque de confiance en soi, mais elle est loin de s'imaginer que cela va avoir une influence sur sa vie de couple. En fait, ça va très bien dans sa vie de couple au moment où elle commence à consulter. Son chum est un père dévoué et hyper impliqué, il est un amoureux à l'écoute, qui croit en elle plus qu'elle-même et qui l'encourage dans tous ses projets. Après un an de travail sur elle-même, après qu'elle se soit mise à avoir une estime et une confiance en elle béton, son chum a commencé à la challenger sur le choix de ses projets et à lui faire des commentaires plus ou moins agréables. Il était en réaction au changement. Évidemment qu'il veut que sa blonde aille bien, mais cette nouvelle confiance qu'elle démontre remet en question son rôle dans la dynamique initiale de leur couple. Ce pourquoi il est vraiment important de faire confiance au processus et de laisser de la place au processus du conjoint. Son chum avait besoin d'être rassuré que maintenant qu'elle n'avait presque plus besoin de lui pour l'encourager et l'aider à croire en elle, elle n'allait pas le laisser. Cette association est souvent faite de façon inconsciente, mais il reste que je vois cela chez la majorité des conjoints de mes clientes. C'est exactement comme lorsque je te parlais des rôles. Si la femme ne joue plus le rôle du manque de confiance en elle, cela a une incidence sur le rôle joué par le conjoint. Le temps que la dynamique de la relation de couple se stabilise à nouveau, le conjoint vit une période de confusion. Si tu es dans cette situation en ce moment, où tu as fait la mise à jour de tes différents rôles et où tu as fait plusieurs prises de conscience que ce soit en lisant ce livre ou en faisant une démarche quelconque, n'oublie pas de tenir compte de l'influence que tu as sur ton système!

Finalement, une autre chose que tu dois prendre en considération si tu es en processus de travail sur toi, c'est le fameux *timing*. Tu as décidé d'entreprendre cette démarche, pas ton chum. Tu dois le faire pour toi-même en premier, et cela sans attentes. Sans attentes de ce que cela va avoir comme influence dans le système. Et quand je dis sans attentes, c'est vraiment comme dans zéro attente. Nous savons déjà que cela va changer quelque chose, mais nous ne pouvons pas savoir comment. Et entre la possibilité que cela amène ta relation de couple au 7e ciel et la possibilité que vous vous laissiez, ça ne parait pas comme ça, mais il existe une multitude de possibilités que nous ne sommes pas capables d'imaginer. Je sais que le néant et l'inconnu sont souvent inconfortables, mais laisse-toi surprendre! Une autre de mes clientes était tellement excitée de ses réalisations sur elle-même, qu'elle n'avait qu'une envie, soit celle de tout partager avec son conjoint. Il faut être délicate quand même, car comme tu sais, la majorité des chums n'aiment pas trop se faire coacher ni se faire dire pourquoi ils ont tel ou tel comportement... Est-ce qu'on peut vraiment ne pas les comprendre? Se faire dire par n'importe qui « Hey je sais pourquoi tu as un problème d'alcool. C'est à cause de la fois où ta mère t'a dit quand t'avais 8 ans, etc. » L'idée, c'est que ce n'est pas parce que quelque chose fait du sens pour toi, que ça va en faire pour les autres et c'est OK ainsi. L'important, c'est que tu te sentes bien, car c'est toi en ce moment qui fais de l'introspection. Après, on verra comment le système réagit… Mais c'est clair que de partager ce que tu vis amène la communication à un tout autre niveau dans la relation. Alors n'hésite pas à inclure ton chum, mais toujours dans la conscience du sans attentes et dans le respect de son propre rythme. Il est en relation avec toi, cette démarche que tu entreprends n'aura d'autres choix que d'influencer sa vie. Chacun a son propre rythme d'évolution. On ne peut pas décider à l'avance du résultat sur notre relation. Le cheminement que nous avons fait en un an peut prendre dix ans chez notre conjoint. Vois-tu le beau défi qui t'attend ici?

CHAPITRE 18

Ce n'est pas dans le faire, c'est dans l'être

Nous y voilà! S'il y a bien une phrase qui tape sur les nerfs de mes clientes autant sinon plus que ma fameuse phrase « en quoi c'est utile », c'est bien celle-ci : « Ce n'est pas dans le faire, c'est dans l'être que ça se passe! » Une cliente vient me consulter pour me parler de son conjoint. Elle m'explique ce qui en est, elle me partage ses ressentis et ce qu'elle a essayé de mettre en place qui n'a pas fonctionné. Après quelques minutes de discussion, j'établis mon méta objectif, je cerne sa problématique et je lui fais vivre la magie de la PNL. Ce qu'on appelle le méta objectif en coaching, c'est l'objectif de l'objectif. La personne vient consulter pour une certaine problématique, voire dans ce cas-ci un conflit avec son conjoint, mais en réalité la source du problème se situe ailleurs. D'où la job du coach d'établir le méta objectif, celui que la cliente ne voit pas, mais qui est à la base de tout. Si elle l'atteint, tous ses problèmes seront résolus. Ce n'est pas parce que la personne vient consulter pour un conflit avec son conjoint que nous allons en parler. Elle me partage ce qu'elle vit, je lui fais vivre la magie de la PNL et elle se sent complètement libérée, dans un état total de bien-être. Et là, à la fin de la rencontre, elle me demande : « Qu'est-ce que je fais maintenant? » Et moi de lui répondre : « Rien! Ton inconscient a déjà tout compris ce qu'il y avait à comprendre. Nous avons créé une nouvelle connexion neuronale. Dorénavant, tout se passe au niveau de l'être et non dans le faire. » Je peux-tu te dire que ça les fait *rusher* sur un sale temps! Nous sommes tellement habituées de « faire » ce qu'il faut pour obtenir ce que l'on veut, comme la célèbre expression « On récolte ce que l'on sème. » Dans le cas de mes clientes, pour satisfaire leur besoin de « faire » les choses, je leur donne parfois de petits devoirs, même quand je sais que c'est déjà réglé et que c'est garanti que ça va le faire! Je n'ai peut-être pas détaillé encore cette expression, mais quand je dis que ça va l'faire, c'est que peu importe ce qui pourrait se passer, une fois la nouvelle connexion neuronale créée, cela change ta perception des choses et, par le fait même, ton attitude, tes comportements, tes croyances, etc. Pas le choix de réussir. De faire en sorte que le changement se passe. D'où l'expression « ça va l'faire! »

Ce qui fait que mes clientes ont de la difficulté par moment à comprendre ce concept et à lâcher prise sur le fait de ne rien faire et que leur vie va changer, c'est que depuis que nous sommes toutes petites, nous sommes conditionnées à obtenir de la reconnaissance pour ce que nous faisons et non pour qui nous sommes. Nous sommes récompensées pour faire notre lit, ramasser notre chambre, avoir de bonnes notes, avoir de bons comportements, performer dans un sport, mais rarement parce que nous avons la qualité de faire rire nos tantes et oncles en faisant des niaiseries dans un party de Noël.

L'être et le faire sont directement reliés à l'estime et à la confiance en soi. Vois-tu, on a de la confiance en soi lorsque l'on croit en nos compétences, que ce soit pour faire notre travail, cuisiner, s'occuper de nos enfants ou une situation dans laquelle on ne se remet pas en question puisque l'on sait que nous sommes capables de faire ces choses. Évidemment, la première fois que nous occupons un nouveau poste au travail, ça se peut qu'on soit moins sûres de nous. Mais on a assez confiance en nos autres compétences pour se lancer. La confiance se construit avec l'expérience. À force de répéter la même action, nous

nous améliorons, nous devenons meilleures et nous acquérons de la confiance.

Par exemple, si je te demande d'aller enseigner un cours de chimie demain matin, il se peut que tu doutes de tes compétences si tu n'y connais rien. Cependant, si tu suis des cours de chimie, que tu apprends certaines compétences pour enseigner, ta confiance va être meilleure. Après le premier, le deuxième, le 100e cours, c'est clair que tu seras vraiment moins stressée et plus confiante!

L'estime, c'est la valeur que tu te donnes incluant tes qualités et tes défauts (je sais que nous, nous sommes parfaites, j'parle pour les autres 😉). Dans qui tu es, dans ta personnalité. Je répète souvent à mes clientes « Être qui tu es est suffisant pour être aimée. » Comme la citation de *How to be happy – rule0139* que j'adore: « *Remember that being you is enough*! » *My god* que c'est totalement vrai en plus! Être soi est en masse pour tout! Pour avoir tout l'amour que l'on désire, pour avoir tout le bonheur que l'on désire, pour avoir la vie que l'on désire. Et croire en ça, *my friend* avec une certitude comme s'il n'y avait pas de lendemain, ça change le cours de ton histoire. De dire à mes clientes qu'être qui elles sont, c'est suffisant pour être aimées, ça l'air banal comme phrase, mais à chaque fois cela provoque un tsunami chez elles. Elles mettent tellement d'efforts à ne pas décevoir et à performer que lorsque je leur fais réaliser qu'elles peuvent ne rien faire, juste être qui elles sont pour être appréciées, elles sont sous le choc. Cela leur enlève comme par magie un énorme poids sur les épaules. Je sais que tu n'es pas comme ça, mais tu serais surprise de savoir le nombre de femmes qui font les choses pour les autres avant de les faire pour elles-mêmes. *Shocking*!

Comme la plupart d'entre nous avons été conditionnées à être aimées pour nos réussites et compétences, parfois nous ne savons même pas quel trait de personnalité incroyable nous avons. Es-tu drôle? Es-tu intelligente? Es-tu généreuse? Es-tu traineuse? Tu sais, toutes ces belles qualités et ces défauts qui te définissent. Lorsque mes clientes réalisent à quel point elles sont extraordinaires, c'est drôle, comme par hasard les gens émettent des commentaires, tels que : « Ça ne te tente plus de venir à telle activité? Pourquoi? Tu as bien changé, je ne te reconnais plus... » Et c'est OK! Ça se peut que les gens ne te reconnaissent plus, tu as changé et jusqu'à un certain point, sans qu'ils ne s'en rendent compte et cela peut les insécuriser. Tu sais, ça les sort de leur zone de confort... Comme on dit, ça fait souvent un ménage relationnel d'augmenter sa propre valeur personnelle. Les gens étaient probablement dans ta vie pour ce que tu pouvais faire et non pour qui tu es.

Heureusement, maintenant que tu sais comment le système fonctionne, ce n'est pas parce qu'on commence à travailler sur soi que l'on se retrouve seules. Nous changeons de perception par rapport à nous-mêmes, les autres personnes qui sont dans notre entourage vont aussi être influencées par ce changement puisque nous sommes tous interreliés. De là l'obtention de comportements différents provenant de ces mêmes personnes. Et n'oublie pas qu'il existe une infinie possibilité entre rester comme nous sommes, ne surtout pas créer de changements par peur de se retrouver seules et changer pour finalement se retrouver seules. L'être humain est rempli de surprises et de capacités! Ne sous-estime pas son super pouvoir de s'adapter et d'évoluer. Surtout, aie confiance dans le processus.

C'est dans l'être que ça se passe et non dans le faire. Lorsque l'on commence un processus de croissance personnelle, l'objectif est de changer ton *mindset*. Les bases mêmes de celui-ci! Ce qui va modifier tes perceptions, tes comportements et ton attitude face aux différentes situations de la vie. Tu peux entraîner ton cerveau à modifier certaines phrases négatives en les remplaçant par des phrases positives. De carrément te *brainwasher* à répéter ces phrases positives jusqu'à ce qu'elles deviennent les nouvelles bases de tes schémas de pensées. OU tu peux aller voir en quoi c'est utile de croire cet énoncé comme étant 100 % vrai et modifier par le fait même toutes tes autres croyances qui y sont rattachées.

Afin de t'aider à faire encore mieux la distinction entre l'être et le faire, voici quelques exemples. Si tu es en processus de trouver l'emploi de tes rêves et que tu es exaspérée par les cinq derniers endroits où tu as travaillé parce qu'ils avaient tous quelque chose que tu ne pouvais vraiment pas tolérer, comme des collègues avec qui ça ne cliquait pas, des patrons intransigeants, de l'intimidation, mais qu'au final c'était quand même pour un poste similaire que tu étais engagée, tu es dans le faire et non dans l'être. Qu'est-ce que tu fais d'assez intelligent pour attirer de telles conditions de travail? En plus, tu crois que tous les patrons sont des salauds, qui ne font que profiter de leurs employés et qu'ils n'en ont rien à faire de la qualité de vie et du bonheur de ceux-ci. Tu sais maintenant comment ça fonctionne. Est-ce que tu crois qu'avec des croyances comme ça tu peux obtenir l'emploi de tes rêves?

Si tu es en démarche pour trouver l'homme de ta vie, ce n'est pas en restant cloîtrée dans ton sous-sol à ne parler à personne que tu as énormément de chances que ça se produise. Tu dois mettre des actions en place. Mais si tu es dans « il doit avoir tel âge, il doit faire tel type de travail, etc. » et que tu ne crois pas mériter qu'une personne aussi exceptionnelle soit dans ta vie, alors je t'annonce que tu es dans la *schnout*! Faire une liste des qualités recherchées chez l'homme parfait et croire que tu ne le mérites pas, je pense qu'il y a une petite mise à jour à faire non?

Une fois que l'on comprend bien ce concept et qu'on y additionne une grande connaissance de soi, les résultats deviennent plus qu'illimités. Nous devenons en pleine maîtrise de notre cerveau et aucune de nos croyances et de nos patterns autosaboteurs ne peuvent nous arrêter. Prenons le courage d'une mère qui voit que son enfant a de la peine, est blessé, vit un moment difficile : elle est prête à tout pour l'aider. Allons-y avec un cas extrême. Une mère vient de vivre un accident d'auto avec son enfant. Qu'est-ce qui pourrait l'empêcher de le sauver? Tu sais, ces histoires qui racontent qu'une femme a ouvert une porte d'auto coincée ou encore a soulevé la voiture afin de sortir son enfant qui était pris en dessous? Il est clair qu'une méga dose d'adrénaline avec d'autres cocktails hormonaux lui ont permis de réaliser ce genre d'exploit. Mais est-ce qu'elle avait pris autre chose de l'extérieur? Est-ce qu'elle s'était préparée ou encore entrainée à faire ce genre de choses? Non. Je te raconte tout ça pour te dire que nous avons plusieurs parties en chacune de nous, dont une partie plus relaxe et une partie plus courageuse. Une fois que l'on prend conscience de cela, de notre fonctionnement, que nous sommes des êtres complexes (et que c'est cool!), nous pouvons consciemment choisir d'activer cette partie de courage ou non. Je sais, je me répète, nous pouvons tout faire. Mais réalises-tu à quel point cela est plus que vrai et hyper accessible pour chacune d'entre nous?

Alors « Ce n'est pas dans le faire que ça se passe, c'est dans l'être » exige un certain ménage de son *mindset* débutant par toutes ces croyances qui t'empêchent de te mettre en action. Si tu penses que tu ne seras jamais capable de quelque chose, active tout ce que tu veux dans ton *mindset* afin d'accomplir tout ce que tu veux! Tu n'es pas dans le *mood* de faire quelque chose, mets-toi dedans ou prends la décision de faire autre chose! Tout ce que tu es compose à merveille la personne exceptionnelle que tu es, il ne reste qu'à toi de décider ce que tu souhaites accomplir.

CHAPITRE 19

Une femme, ça se tient debout!

Ce sera le seul chapitre à tendance plutôt féministe. En tous cas jusqu'à maintenant... Je ne promets rien. Après tout, c'est moi l'écrivaine! Mon but avec ce livre est loin de faire naître chez toi une fibre féministe, vraiment loin de là! Mais les faits sont les faits et quand une femme se tient debout pour elle-même, cela a une incidence infinie sur qui elle est, mais également sur la vie et l'avenir de toutes les femmes qui l'entourent. C'est quoi une femme qui se tient debout? Ce n'est pas nécessairement se tenir debout par rapport aux hommes, mais bien de s'honorer dans toutes les facettes de sa vie, de se respecter, d'exiger rien de moins sous aucun prétexte. Je n'embarquerai même pas dans le débat des rasoirs roses qui nous sont vendus deux fois plus cher que les rasoirs verts et noirs, quand en plus nous avons été élevées dans une société qui nous indique fortement qu'une femme ne doit pas avoir de poils. J'en aurais pour un autre livre à te jaser là-dessus!

Au printemps 2019, j'ai reçu par la poste un feuillet de la députée (en ce moment je suis en réaction contre mon logiciel *Word* qui me met une faute puisque j'écris « de la députée » et non « du député » dans mon texte, *my god* qu'on a encore du chemin à faire! Ça l'air banal dit comme ça et c'est vrai que je suis mieux de mettre mon énergie ailleurs. Mais si tu prends du recul deux minutes, tu constateras la liste des choses que nous laissons aller, croyant que nous n'avons pas de contrôle ou que le jeu n'en vaut pas la chandelle, mais je me répète. *Oh my god*!) de ma région nous informant que le gouvernement va injecter des millions de dollars dans la prochaine année afin de contrer l'inégalité hommes/femmes, encore très présente dans notre société occidentale. Un minuscule feuillet imprimé sur un simple papier 8 ½ x 11, blanc, recto verso, en français/anglais. Sincèrement, sur le coup je ne savais pas trop quoi en penser. Sur le verso, ils nous informent d'un autre sujet aucunement en lien avec le précédent. C'est évident que pour moi, passionnée du génie féminin, qui fait une recherche sur le sujet, de recevoir cette information sans aucun contenu a été un choc. Dans un premier temps, je me suis dit que j'étais à la bonne place pour faire changer les choses, que c'était un signe que j'ai tout encore à apporter au monde. Deuxièmement, je ne pouvais m'empêcher de m'indigner! Encore en 2019, le gouvernement doit injecter des millions de dollars afin de contrer l'inégalité des sexes, et là on ne parle que de la rémunération sur le marché du travail. Sincèrement, je ne savais pas quoi en penser. En vingt petites secondes, je venais de recevoir une claque au visage en prenant simplement mon courrier. J'vais te dire que mes factures venaient de perdre leur place numéro un dans ma boîte aux lettres ce matin-là! Je ne pouvais m'empêcher de me demander pourquoi le gouvernement, la députée, peu importe la personne qui avait décidé de cette stratégie, ait pu penser distribuer cette information, qui ne disait rien au final. Quelle réaction espérait-elle susciter dans la population? Un sentiment de satisfaction et de sécurité? Nous dire que nous sommes entre bonnes mains puisque le gouvernement est là pour nous? C'était plutôt une insulte à mon intelligence. Une stratégie hyper basse afin de s'assurer d'obtenir les votes des femmes aux prochaines élections. Je ne suis pas si naïve, je sais comment ça fonctionne. Tranquillement, ils placent leurs pions afin de tisser leur toile et obtenir ce qu'ils veulent. Je ne suis pas en train de dire que le gouvernement est une énorme conspiration, quoi que... Je me sentais insultée et hyper motivée à la fois. J'ai gardé le feuillet comme source de motivation pour les jours où je perds de vue momentanément mon objectif de changer le monde et d'amener le génie féminin pour le bénéfice d'un maximum de gens. Cette simple feuille me rappelle où je m'en vais.

Se tenir debout, ce n'est pas de pointer du doigt l'homme ou toute autre personne avec qui tu te compares, sentant que tu n'as pas les mêmes droits. Se tenir debout, c'est reconnaître sa nature profonde, l'honorer et en faire de la magie *no matter what*. Se tenir debout, c'est dire non à une amie qui a besoin qu'on soit là pour elle, parce qu'on sent que c'est trop pour soi. Se tenir debout, c'est se prioriser dans sa propre vie avant de prioriser les autres. Se tenir debout, c'est s'engager envers soi-même et s'offrir tout ce qu'il y a de meilleur. Se tenir debout, c'est de ne faire aucun compromis sur qui on est. Se tenir debout en tant que femmes, c'est de prendre ses blessures et en faire des forces pour briser le cycle générationnel d'où on vient et donner à ses enfants et à toutes les femmes de son entourage un exemple à suivre pour changer le monde. Le nombre de clientes que j'ai accompagnées à briser des cycles générationnels, je ne les compte même plus. Ce n'est pas parce que d'où on vient ce n'était pas OK, que l'on doit rester dans ce *mood*. Comme le dit si bien Tony Robbins, si l'être humain n'évolue pas, il meurt par en dedans. L'évolution, c'est ce qui fait que nous sommes rendues où nous en sommes aujourd'hui. Il reste toujours place à l'amélioration *by the way*.

Prendre tout ce qu'on nous a donné comme éducation, trouver sa place dans tout ça, ajouter notre personnalité et se tenir debout pour défendre cela avec conviction, c'est ce qui change le monde. Ce n'est pas la mission de tous de changer le monde en combattant pour défendre ce qui doit être défendu. Mais savais-tu qu'en étant toi-même ça le fait aussi? Être soi, ça change le monde. Être capable d'être soi-même dans un monde où tout semble connu et où tout le monde a eu une opinion sur tout. Prendre quand même le temps de faire une certaine introspection, arrêter le *cruise control* pour se remettre en question oui, mais surtout pour apprendre à se connaître à un point tel qu'on devient capable de faire la différence entre ce qui est moi, ce qui m'appartient, ce que moi j'ai envie pour ma propre vie, et ce, sans complètement tenir compte d'où je viens et de ce que les autres vont penser. Je ne sais pas toi, mais juste à l'écrire, ça me fait un petit hiiiilala en dedans!

Puis là, peut-être penses-tu : « Comment ça apprendre à me connaître? Ça fait x nombres d'années que je suis avec moi, je pense que je sais déjà qui je suis, que j'ai fait le tour et que je n'ai rien à apprendre de plus. » Et tant mieux, sincèrement, si tu as déjà fait le tour! Moi je travaille avec une coach perso, une coach d'affaires et une coach d'écriture à temps plein et j'en apprends encore tous les jours sur moi! Tout ça pour dire que lorsque je parle d'apprendre à se connaître, je ne parle pas de savoir si on aime les *popsicles* aux bananes ou non, je parle d'apprendre à se connaître à un tout autre niveau. De connaître quelles sont nos valeurs profondes. De connaître ce que, sans nous en rendre compte la majorité du temps, nous défendons corps et âme. Pourquoi parfois des propos supposés être pris à la légère dans une conversation bien relaxe un samedi soir peuvent venir nous chambouler à un point tel que ça gâche notre soirée et on n'arrive plus à se ramener dans l'énergie dans laquelle on était 30 secondes auparavant? Lorsque quelque chose touche à nos valeurs profondes, notre façon de réagir est parfois irrationnelle. Ces valeurs définissent qui nous sommes et sont très proches de notre zone de vulnérabilité. Ce n'est pas surprenant que nous bondissions comme une lionne qui sent que l'on vient d'attaquer ses bébés.

De plus, tu dois savoir que ces valeurs ne faisaient pas nécessairement partie de toi à ta naissance. Elles font du sens avec qui tu es aujourd'hui et que tu les portes haut et fière parce que tu es passée par un chemin en particulier et par de merveilleuses aventures (vois-tu à quel point je travaille fort pour modifier la perception de tes expériences 😉) vécues tout au long de ta vie. Il y a aussi ton entourage et tout ce qu'on t'a inculqué, que tu as acheté ou non.

Si je te demandais, là maintenant, de déterminer les trois valeurs qui te représentent et auxquelles tu crois, quelles seraient-elles? J'ai une cliente, Danielle (je te rappelle que tous les noms contenus dans ce livre sont fictifs), qui était venue me consulter pour une importante difficulté à se sentir épanouie dans son rôle de mère, de sentir qu'elle était une bonne mère. Non pas vis-à-vis les critères de son entourage et de la société définissant c'est quoi être une bonne mère, mais vraiment par rapport à ce qu'elle aurait aimé offrir à ses enfants. Lorsque je lui ai demandé quelles étaient les valeurs qu'elles prônaient, elle m'a dit : l'accomplissement, le dépassement de soi et l'apprentissage. Elle s'était mise à pleurer en me disant qu'elle ne serait jamais une bonne mère, qu'elle n'avait même pas la famille dans ses valeurs principales... Je lui ai tout simplement démontré qu'elle n'offrait pas les valeurs qu'elle avait idéalisées pour ses enfants, mais que la priorité, c'était elle : « Qu'est-ce qui est le mieux pour tes enfants : avoir une mère frustrée et pas épanouie ou une mère qui se réalise et qui par le fait même a plus de patience, plus de compréhension envers eux et leur donne un exemple de dépassement de soi? » Chaque fois, se choisir et se respecter dans qui nous sommes est la solution. Si tu as des conflits de valeurs qui montent, des jugements, des points de vue bien intéressants, je t'invite à analyser ce qui se passe à ce niveau. Peut-être que tu réaliseras que tout ça provient finalement d'une certaine envie envers celle qui se choisit quand tu n'oses pas le faire.

Se tenir debout en tant que femme, c'est également mettre les actions en place pour que tout dans notre vie, peu importe la sphère, soit aligné avec nos valeurs.

As-tu un ménage de valeurs à faire? Tout comme les croyances, elles doivent être mises à jour en tenant compte de qui tu es vraiment et non suivre le cours de ta vie en rushant contre vents et marées, car elles ne sont pas alignées avec la personne que tu es devenue. Comme Danielle, ma cliente, l'idée n'est pas de te faire acheter la valeur de la famille de force pour que tu deviennes finalement la mère que tu as toujours voulu être. L'idée, c'est de fouiller et de dénicher la source de qui tu es dans le plus profond de ton être, tout ça sans jugement. Oui, je prends le temps de mettre l'accent sur sans jugement, car peu importe ce qu'on peut y trouver, c'est certain que c'est exceptionnel! Pas exceptionnel dans le sens que j'ai la tête dans le sable, que tout ce qu'on va trouver est toujours ça coche selon toi, selon moi, selon la société. Exceptionnel dans le sens qu'il n'y a jamais de bon ni de mauvais. Voici des exemples extrêmes pour mieux t'illustrer mon point. Que tu cries ou que tu aies déjà crié après tes enfants, que tu aies déjà trompé ton conjoint, volé, menti, trahi, manipulé, bref tout ce qui te fait ressentir de la honte à propos de toi, ça ne change rien de rien à la personne incroyable que tu es, parce que tu es toi. *That's it!* Tout ce qui fait que tu te juges constamment à propos de tout et rien n'est faux, c'est tout. Alors *stand up* fille! *Stand up* haut!

Déniche ta perle rare intérieure sans jugement afin de mettre en place le nécessaire pour être heureuse et te sentir bien. Le but n'est pas de te transformer afin d'acheter de nouvelles valeurs qui cadrent dans ce qu'il faut que tu cadres pour que tu sois ce que tu dois être. Il s'agit plutôt de réinventer ton rôle de mère selon toi. Pour moi, c'est ça être une bonne mère pour ses enfants.

Se tenir debout en tant que femmes, c'est reconnaître l'être exceptionnel qu'on est en étant simplement soi et, ainsi, changer le monde à sa façon.

Je t'écris ça et je suis envahie d'un sentiment, une force, une détermination ainsi qu'une foi indescriptible. Chaque femme dans le monde, peu importe la culture ou la religion, peut connecter avec ce diamant brut qui dort à l'intérieur d'elle et faire en sorte de croire qu'elle mérite tout ce dont elle a envie. Chaque femme doit mettre en place dans sa réalité, peu importe l'objectif de *fighter* pour les droits de la femme et des enfants ou de leur offrir une belle vie, d'arriver à vivre une vie sans trop de brouhaha et d'être bien, tout est toujours OK. Tout est dans toute.

#touteestdanstoute

Se tenir debout en tant que femme, c'est affirmer haut et fort que ce que l'on vit est assez et qu'on croit à notre pouvoir de changer les choses dans notre propre vie.

CHAPITRE 20

Toute est dans toute

Je t'en parle depuis le tout début, il est grand temps que je t'explique le concept de « toute est dans toute ». Ce principe est tellement simple qu'il peut être difficile à comprendre. Il signifie que peu importe ce que tu penses et ce que tu fais, au final, tu fais partie d'un tout qui est plus grand que toi et qui fait en sorte que tout s'entrecroise. Que tu crois en Dieu ou en quelqu'un de plus grand que nous, en l'énergie, en l'Univers, quand tu prends deux minutes pour y penser, nous habitons sur une méga boule qu'on appelle planète Terre. Cette dernière tient toute seule dans une galaxie noire entourée d'autres planètes, qui elles aussi, soit dit en passant, tiennent toutes seules. Pis je ne te parle même pas du Soleil, des milliards de boules de gaz qu'on nomme les étoiles et des millions de planètes que les scientifiques ont trouvées dans d'autres galaxies et qui auraient les mêmes conditions que la Terre. Il reste à trouver un moyen pour s'y rendre. J'aime bien l'idée de la téléportation. Très efficace, très écologique et tu ne dépends de personne. Je travaille là-dessus dans mes temps libres.

Pour moi, il est évident qu'il existe quelque chose de plus grand que nous. Nous avons beau nous dire qu'on se responsabilise de tout ce qui nous arrive, qu'on gère et maîtrise notre vie, reste que je ne connais personne jusqu'à maintenant qui a réussi à contrôler les marées. Non. La seule chose que tu peux faire c'est de *surfer* sur la vague, car tu ne crées pas la vague. En tout cas, pas encore, mais j'y travaille aussi. De plus, lorsque tu prends conscience de ça, c'est possible que tu réalises que depuis un bon moment déjà tu travailles vraiment fort à créer des vagues quand tout ce que tu as à faire, c'est d'être prête avec ta planche pour *surfer* sur celles qui existent déjà. Qu'est-ce qui est le plus facile à faire? Créer sa propre vague ou surfer sur les différentes vagues que la vie nous envoie? Parce qu'en plus on a le choix! Il n'y a jamais qu'une seule vague et on a le choix de faire avec. Il y a toujours une infinie possibilité de vagues et nous avons le pouvoir de faire un choix. Tu penses peut-être que dans ta vie en ce moment, il y a plusieurs situations que tu n'as pas le choix d'affronter. Mais c'est faux. Nous avons toujours le choix. Ce qui est intéressant, c'est que le cerveau humain a deux façons de motiver ses choix et ses actions : soit pour éviter de la souffrance ou générer du plaisir. Nous faisons toujours le choix qui nous coûte le moins cher. Qu'est-ce qui coûte le moins cher à tes yeux : ne pas avoir l'occasion de voir tes enfants tous les jours pour le restant de ta vie? Rester dans une relation où tu es en train de mourir à petit feu? Ce dernier choix est abordé très souvent lors de mes rencontres avec des clientes.

Éviter la souffrance, c'est se mettre à s'entraîner quand on n'est vraiment plus contentes de ce que l'on voit dans le miroir. C'est se mettre à s'entraîner quand notre médecin nous dit que notre qualité de vie est vraiment diminuée dû à notre sédentarité. C'est se mettre à s'entraîner pour être certaines de rentrer dans notre robe de mariée et d'éviter de ne pas se trouver belles lors de la journée de notre mariage. Tandis qu'être motivées par le plaisir, c'est s'entraîner, car on aime ça avoir une meilleure qualité de sommeil et avoir plus d'énergie en dormant moins. C'est s'entraîner parce qu'on aime ça être capables de suivre et de prendre nos enfants sans être essoufflées. C'est nous entraîner pour augmenter notre énergie et être capable d'accomplir encore plus de choses que l'on aime dans nos journées. Vois-tu la différence? Ma question à un million de dollars à ce stade-ci est : en ce moment, dans ce que tu vis de pas si WOWPATAWOW que ça, qu'est-ce qui te ferait souffrir de t'en sortir? Qu'est-ce qui te procure le plaisir d'y rester? *I know! Trick question right*? Oui, je sais, tu me réponds qu'il n'y aurait aucune souffrance à atteindre ton objectif et que tu ne trouves aucun plaisir à rester où tu es en ce moment. Mais c'est faux. La bonne nouvelle, c'est que si tu prends le temps d'y penser et que tu trouves les réponses à ces questions, le fait d'en prendre conscience va automatiquement te permettre de faire des choix différents! Génial non? Par exemple, tu penses qu'il n'y a aucune bonne raison d'être malheureuse dans ton couple, ça fait plusieurs années que vous êtes ensemble et vous vivez une impasse. Si je te demande :

— Qu'est-ce qui te ferait souffrir de t'en sortir?

Il y a des chances que ce soit le fait que tu ne vois qu'une seule issue possible, la séparation. Tu préfères maintenir le statu quo même si cela te rend malheureuse. Et maintenant, si je te demande :

— Qu'est-ce qui te procure du plaisir à y rester?

Ça se peut fort bien que tu me dises que c'est du connu, que ta situation dans ta vie amoureuse qui perdure depuis plusieurs années te sécurise en quelque sorte, que tu sais à quoi t'attendre, etc. Donc, tu ne fais pas d'actions pour toutes les raisons que je viens d'énumérer et, au final, la situation ne change pas.

Bien sûr, tu peux aussi décider de créer ta propre vague. Tu peux également consciemment décider de surfer sur des vagues déjà existantes et de déplacer l'énergie que tu mettais à créer la vague sur autre chose. Comprends-moi bien, je n'ai absolument rien contre l'idée de créer sa propre vague. Ça prend des femmes qui créent de nouvelles vagues. Je veux simplement que tu regardes si tu n'es pas en train de t'autosaboter en croyant que la seule façon pour toi de réussir, c'est de tout faire par toi-même, que c'est difficile et de penser que tu n'y arriveras probablement jamais versus saisir une opportunité qui est déjà là et qui attend juste que tu mettes la main dessus. Par ton évitement de souffrir à la saisir, tu fais le choix de la *tough road*. Quelles sont tes raisons de ne pas obtenir ce que tu veux? Par exemple, si tu as un objectif de faire beaucoup d'argent avec ton entreprise, si tu as la croyance que les gens vont te juger et que tu vas te retrouver seule, c'est assez fort pour que tu fasses tous les efforts qu'il faut pour y arriver, mais que tu finisses par t'autosaboter. Qui a envie de se retrouver seule lorsqu'elle a du succès? Tu es prise dans une relation amoureuse toxique, malgré que tu saches que tu n'es pas bien, le fait de penser aussi de te retrouver seule ou que tu pourrais tomber sur pire sont de bonnes raisons qui font que tu poursuis ta relation. Les plaisirs que tu peux retrouver à rester dans ces situations sont en majorité reliés au fait que ça prend soin de ta peur du changement. La fameuse zone de confort inconfortable! Elle est peut-être inconfortable, mais oh combien sécurisante puisqu'on la connait par cœur! Ce n'est qu'une infime énumération de toutes les souffrances et plaisirs que tu pourrais vivre. L'important en fait, c'est qu'en prenant le temps de répondre à ces deux questions, concernant la problématique que tu vis, tu peux ressentir une méga décharge à l'intérieur de toi en trouvant la réponse qui fera du sens. Tu vas savoir avec certitude que c'est la cause de ce qui te pousse à rester en statu quo.

J'ai discuté avec une cliente qui m'avait dit qu'elle n'avait pas assez d'énergie pour être capable de tout faire ce qu'elle aurait envie de faire, que vers 19 h elle se rendait dans sa chambre et la majorité du temps elle ne redescendait pas : « Je n'ai pas le choix, mon corps a besoin d'un minimum de sommeil pour être fonctionnel le lendemain. » C'est évident que de lui donner des trucs tels que se mettre à faire du sport, améliorer son alimentation, optimiser son temps dans le jour afin de libérer du temps pour faire autre chose que travailler sont tous d'excellents conseils. Mais en quoi c'est utile de se sentir tout le temps fatiguée? Ce qui en est ressorti, c'est que d'avoir l'excuse d'être fatiguée lui permettait d'avoir une « bonne » raison pour ne pas faire les choses qu'elle n'avait pas envie de faire... Aider son conjoint dans les travaux de la cour arrière, aller souper chez ses beaux-parents, etc. En fait, devoir toujours se reposer et dormir lui permettait de ne pas vivre la vie qu'elle avait en ce moment et où elle ne s'honorait pratiquement pas! Pas qu'elle était malheureuse dans son couple ni dans son travail, mais elle ne partageait pas ses besoins et ses désirs en pensant probablement que ce n'était pas si important, ou encore qu'il n'y avait rien à faire de toute façon. Elle a pris conscience que, depuis qu'elle était toute petite, ses parents lui répétaient : « Fais attention, repose-toi, prends soin de ton énergie pour ne pas être fatiguée, fais attention de ne pas te bruler, etc. » Encore une fois, je tiens à te rappeler que l'objectif n'est pas de mettre la faute sur tes parents. C'est seulement dans le but ultime de faire cette prise de conscience et une fois que c'est fait, l'inconscient enregistre ces nouvelles informations. Plus jamais tu ne pourras faire comme si tu ne l'avais jamais su. Ce qui fait en sorte que tu vas automatiquement changer de direction dans le choix de tes actions.

Comme je disais, tout est dans toute! Savais-tu que tout ce qui nous entoure, autant l'air que l'on respire, la nature, les êtres humains, les objets, n'est en fin compte que du vide? Petit aparté de biochimie : un atome est composé de 99,9999999999999 % de vide. Plusieurs atomes ensemble donnent des molécules et nous sommes constitués de ces molécules. Ainsi, tout ce qui existe est fondamentalement fait de vide. Alors comment peut-on arriver à la conclusion que l'on regrette telle décision, que l'on regrette d'avoir fait tel choix qui ne nous a rien apporté? Comme tout est interrelié, tout a une causalité.

Il y a quelques années j'ai décidé de m'inscrire dans un programme pour entrepreneurs afin de pousser mon entreprise à un autre niveau. Je n'allais pas bien du tout. J'étais incapable de mettre en place ce que les coachs me disaient puisque j'avais à peine de quoi manger et prendre soin de mes filles. Nous étions un groupe de onze entrepreneurs, motivés à nous dépasser et à sortir de notre zone de confort. Une des participantes vivait beaucoup de défis face à sa santé. Une autre habitait dans sa voiture. Tu imagines? Sur le coup, je me suis dit que je n'aurais jamais dû faire ce programme, que les gens qui m'ont recrutée n'auraient pas dû le faire en sachant que ça n'allait vraiment pas bien dans ma vie. Mais quand tu prends du recul et que tu comprends que toute est dans toute, eh bien il y avait une raison qui a fait en sorte que je devais me retrouver dans ce groupe en particulier et pas ailleurs. Quand j'y pense, je réalise que j'y ai fait des rencontres exceptionnelles que j'entretiens encore aujourd'hui! Même si je n'allais pas bien, même si je pensais ne rien avoir appris (ce qui est pratiquement impossible), une des résultantes de cet événement sont les relations humaines. Ça se passe toujours au niveau des relations humaines. L'être humain est un être sociable.

La relation que nous avons avec les gens que l'on côtoie chaque jour ou une fois par année, soit nos enfants, nos parents, nos amis, c'est ce qui reste au final. Je n'ai jamais entendu quelqu'un me dire que sa vie heureuse, il l'a vécue seul dans une maison à ne jamais voir personne. Il y a des gens qui sont moins sociables que d'autres. Et l'idée n'est pas d'avoir absolument besoin de l'autre. Mais reste que les gens qui n'ont jamais besoin d'être avec d'autres gens portent de grandes blessures.

L'autre jour je vais souper au restaurant avec l'une de mes amies. Elle vit de gros changements au niveau professionnel. Elle se cherche, se questionne beaucoup sur ce qu'elle aurait envie de faire et n'a surtout plus envie de donner une seconde de plus dans un travail où elle ne sentira pas qu'elle s'épanouit et qu'elle participe à quelque chose de plus grand qu'elle. C'est OK si ça te convient de reprendre chaque lundi la même routine et que tu es bien là-dedans. Mais il y a parmi nous plusieurs humains qui ont besoin de connecter à quelque chose de plus, à avoir et à s'investir dans une mission de vie.

Après quelques minutes, plutôt des heures de discussion *non stop* de mises à jour de nos vies, mon amie devient émue et me confie qu'elle trouve ça difficile d'être dans cette phase de confusion, d'incompréhension et de ne pas trop savoir où aller. Elle trouve aussi très ardu de faire différemment de tout ce que sa famille a fait auparavant. Elle a de la misère à lâcher l'idée de poursuivre sa carrière dans le domaine où elle a fait toutes ses études. D'avoir perdu finalement toutes ses années à étudier quelque chose, à se dépasser, à devenir une experte dans ce domaine où elle pensait se réaliser où elle pensait que c'était ça le chemin à suivre pour elle. Évidemment, peu importe la voie qu'elle décidera de prendre à partir de maintenant, ce sera magique, puisque tout est là, devant, à créer. Infinie de possibilités. Ses études lui ont quand même permis de me rencontrer et de faire en sorte que, 18 ans plus tard, nous sommes encore amies. D'où le toute est dans toute! Sans ses études, elle ne serait pas exactement la personne qu'elle est aujourd'hui, on se serait peut-être rencontrées ailleurs, à un autre moment. Il est certain que cela lui permet d'être aussi ouverte et en recherche de qui elle est pour savoir où aller. Donc quand tu n'arrives pas à faire le deuil de certaines situations et que tu n'arrives pas à lâcher tout ce qui t'empêche d'avancer, prends le temps de voir où est-ce que tous ces événements-là t'ont guidée ou t'ont permis d'aller ou surtout vers qui ça t'a menée. Quand tu y penses, toutes les personnes qui font partie de ta vie y sont à la suite d'une panoplie de situations qui se sont enchaînées, sans que tu ne t'en rendes compte, jusqu'à ce que vous vous rencontriez.

Ce qui m'amène à te parler de la #queenoftheshit. Lorsque je suis en formation avec mes étudiantes, je suis hyper exigeante (je forme quand même des coachs sur la coche, rien de moins!), elles travaillent sans arrêt. Sérieusement, je ne les lâche pas d'une semelle! Elles peuvent toutes en témoigner, elles adorent ça, mais après trois ou quatre jours d'affilée à apprendre la PNL, mais surtout à la vivre, elles apprécient les trois semaines de *break* entre les formations. Il faut dire qu'on déconne comme jamais, tellement qu'à chaque fin de formation nous accumulons les # qui en sont sortis et nous avons des fous rires rattachés à ces # à tout jamais! Un jour le #queenoftheshit est sorti. On peut bien décider d'être la *queen* de ce que l'on veut. Quand on part de zéro, on est toujours bien au minimum la *queen of the shit*! On est la reine de la merde, mais comme toute est dans toute, moi ce que j'y ai vu c'est *put your shit together,* ce qui signifie de mettre ta vie en ordre, d'arrêter de niaiser et de remettre ton *mindset* dans le droit chemin. Alors si tu es dans une situation où tu dois mettre *your shit together* et que tu deviens la #queenoftheshit, n'est-ce pas la preuve que tu auras réussi à reprendre le contrôle sur ta vie et en avoir fait un méga WOWPATAWOW?

#toutestdanstoute

CHAPITRE 21

Peu importe ce que tu penses de toi, ça va le faire

Je sais. Ce titre affirme tout le contraire de ce dont je te parle depuis le début. Ça m'est égal, puisque c'est trop important pour que je me permette de passer à côté. Je dis toujours qu'il faut que tu prennes conscience véritablement de qui tu es, que tu prennes soin de tes blessures et que tu reprennes le pouvoir sur ta propre vie. Tout ça n'a pas changé. Une fois que c'est fait, que tu te mets à créer ta réalité, ce que tu crois devoir faire ou encore ce que tu penses que tu dois être ne change absolument rien.

Je t'ai déjà parlé que je fonctionne de façon « cause à effet ». Ce que tu ne sais peut-être pas, c'est que je suis une machine de guerre de cause à effet! La *queen* dans ce domaine! Qu'est-ce que ça signifie? Ça signifie que n'importe quelle information, aussi insignifiante soit-elle, mon cerveau la lie avec plusieurs autres, qui n'ont pas nécessairement de lien ensemble et BAM j'en tire une conclusion. À quel point dans ma vie il a été salvateur de réaliser qu'il est indispensable pour moi de toujours vérifier mes perceptions? Quand mes causes à effet connectent avec mon intuition, ça fait de grandes choses! Ça fait en sorte que j'arrive à me rappeler exactement ce qu'une cliente m'a dit lors de sa première rencontre il y a quatre ans et de faire un lien avec ce qu'elle me partage en ce moment. BAM le WOWPATAWOW arrive! Tout le monde a son génie comme tu sais, moi j'arrive à me rappeler de minuscules détails qui souvent sont carrément inutiles, mais mon cerveau fonctionne de cette façon. Donc, au lieu de le juger, j'ai appris à le mettre à son avantage. Parfois, je t'avoue que ça frôle la folie, mais bon, je change le monde avec cette hyper capacité quand elle travaille de concert avec mon intuition. Tu imagines à quel point ça ne laisse pas de grandes chances à mon conjoint! « Je me rappelle exactement la date mon chéri où tu m'as dit que tu viendrais à la fête de ma mère, tu portais tel jeans, tu conduisais, nous étions dans ta voiture et nous étions au spa Le Finlandais un mercredi soir où c'était deux pour un ». Tu vois le genre! C'est entre autres pour cette raison que lorsque ma coach m'a fait réaliser que je fonctionnais de cette façon, qu'acheter la croyance que peu importe ce que je fais ou je pense de moi, ça allait le faire, a été incroyablement libérateur! Au final, je m'honorais plus que jamais dans toutes les sphères de ma vie, je me respectais, j'écoutais mon intuition, ma *vibe*, ce qui goûte léger. C'était certain que j'allais y arriver!

Parce que comme tu le sais (je suis certaine que plusieurs femmes parmi mes lectrices se reconnaissent dans cette capacité de générer des causes à effets à la milliseconde) ou tu dois t'en douter, lorsque ça se mélange à notre vie personnelle et nos émotions, tassez-vous de là la créativité débarque.

Comme dans le cas d'une cliente, Martine (tous les prénoms fictifs que je choisis leur vont bien en plus) qui fait une démarche avec moi afin de se construire une estime et une confiance béton. Elle veut se débarrasser du syndrome de l'imposteur et également laisser aller toutes ses croyances limitatives face à l'argent. Un gros ménage! Sérieusement, elle chemine à la vitesse de l'éclair, du vrai beurre température pièce! Après un an de rencontres mensuelles, elle me dit qu'elle a encore de la difficulté au niveau financier. Je lui dis que c'est normal puisqu'elle est zéro organisée dans son entreprise, c'est pour ça que l'argent ne rentre pas. Non, mais, quelle croyance limitative que de penser ça! C'est comme s'il y a toujours une raison de penser que ça ne fonctionnera pas... Tu imagines toute la pression que cela lui mettait sur les épaules de travailler sur elle afin d'être dans l'être et de se libérer de tout ce qui l'empêche d'atteindre ses objectifs? Je ne dis pas de ne pas mettre à jour ses croyances face à l'argent. Entre autres, penser que de devenir millionnaire fait de nous une profiteuse ne l'aidera pas à atteindre ses objectifs. Mais de se mettre à travailler sur soi et de finir par penser que tous nos faits et gestes influencent l'obtention de nos résultats est à devenir folle! C'est comme se dire que toute cette démarche que l'on a faite pour soi, au final, ne valait rien. Si en plus dans le quotidien elle n'est pas à la hauteur, elle ne fait pas ce qui selon elle lui permettrait de faire en sorte que l'argent abonde, elle n'aura aucun résultat. C'est à ce moment-là que je l'amène à réfléchir : « Si peu importe ce que tu fais, tu étais prospère? Que peu importe les causes à effets, auxquelles tu crois dur comme fer dans ta tête, ne changeraient rien sur tout ce que tu as mis en place pour créer ta réalité. » Elle me répond aussitôt que cette perception la libère d'une méga pression et la soulage énormément de tout ce qu'elle avait associé. Peux-tu me croire que la journée où elle a acheté cette nouvelle croyance (parce que oui de croire que peu importe ce que l'on fait, nous allons tout de même recevoir les résultats pour lesquels nous avons travaillés, puisque l'univers lui, n'arrête jamais de mettre en place ce qu'il faut pour que tout arrive), elle s'est fait une nouvelle cliente et il s'en est suivi des rentrées d'argent de partout? Elle a même reçu un montant dans son compte, sans savoir la provenance!

Si tu travailles sur toi, que tu défais tes croyances et que tu crois en toi peu importe ce que tu fais, les liens entre qui tu es et tes actions n'auront aucune incidence sur ce que tu veux qui se passe dans ta vie. C'est pour cette raison que je te dis que ça va l'faire! Il faut se méfier des liens (ce ne sont que des points de vue intéressants envers nous-mêmes en fait) et sache que créer sa réalité, c'est beaucoup plus grand que ça et c'est davantage une question d'énergie. Encore une fois c'est dans l'être et non dans le faire.

Application de la théorie à l'amour

Admettons que tu rencontres un gars *fucking* ça coche. Admettons que tu ne te comprends plus tellement il est parfait pour toi. Et là, ton gremlin s'en mêle : tu es trop intense, tu as l'air trop dépendante affective, ça ne se peut pas que quelqu'un te voit tel que tu es vraiment et qu'en plus il t'apprécie et te trouve extraordinaire. Tsé. Ça serait vraiment trop beau pour être vrai! Il est interdit que mes clientes prononcent cette dernière phrase. Alors on se met en mode quasi parano, on analyse tout, on suranalyse nos faits et gestes, les réactions de l'autre, le temps qu'il met à répondre à nos textos et on se dit : « *My god* que je suis folle, c'est clair qu'il va partir en peur, je suis beaucoup trop intense! » Et si tout ce que tu pensais à ton sujet ne changeait rien à la situation? Et si tous ces jugements n'avaient pas de pouvoir sur le fait que tu es une personne extraordinaire et que tu ne mérites rien de moins que de rencontrer la personne qui *fit* avec ta *game*? Parce qu'une fois que tu crées dans l'énergie ta réalité (je sais que ça sonne un peu *weirdo* mon affaire, mais si tu as lu mon chapitre sur les relations, tu comprends ce que je veux dire), une fois que tu demandes à l'univers ce que tu veux vraiment, il s'ensuit une période de confusion et d'inconfort. Ce passage signifie que l'univers est en train de mettre en place ce que tu lui as demandé. Souvent, nous nous mettons à paniquer pendant cette phase et nous revenons sur nos décisions : « Ah non finalement je vais revenir avec mon ex. Finalement, je ne vais pas changer d'emploi. Finalement, je ne vais pas déménager, etc. » Comme on dit en bon Québécois, on pogne la chienne et on revient dans notre zone de confort inconfortable. Je t'annonce qu'il faut que tu tolères cette phase déstabilisante du mieux que tu peux et que tu tiennes bon *hang in there*. Autrement dit, je te garantis que ce qui t'attend de l'autre côté est cent fois, que dis-je, un milliard de fois mieux que ce que tu es capable de t'imaginer.

Une fois que ta conversation est claire et que tes demandes sont faites à l'univers, dis-toi que peu importe les actions que tu vas faire et comment tu seras dans l'être, rien ne pourra changer ce qui s'en vient, c'est très libérateur et en plus ça évite l'autosabotage. Ça aide également à tenir le coup dans la zone pré-changement. Alors qu'est-ce que ça te fait si je te dis que peu importe tes comportements et tes pensées, l'argent va rentrer? Que peu importe comment tu te comportes les premiers temps dans une relation, cela ne va rien changer? Parfois les gens parlent de certitude, de foi, de croire en soi pour que ça fonctionne, mais avec tout ce que j'ai expérimenté dans les dernières années, je te confirme que même si ma cliente a des doutes, ça l'fait quand même! Est-ce que ce n'est pas assez merveilleux? Des fois (lire souvent), ma job consiste à dire à mes clientes que ce n'est pas grave si elles, elles n'y croient pas, que moi j'y crois. Et par cette certitude que je dégage, elles me font confiance et la magie du changement opère dans leur vie. Être réellement soi, ça fait déjà toute la différence. Nous changeons le monde, comme le dit si bien Dr Dain Heer. En tant qu'être humain, nous *rockons* à notre façon cette vie qui nous pousse, qui nous *challenge*, qui nous transforme! Il n'y a pas de petits ou de grands défis. Ce n'est pas parce que ce que le voisin vit te semble tellement plus difficile que ce que tu vis, que tu ne dois pas t'y attarder et t'assurer d'être bien et heureuse.

Voilà. Tu as compris l'essentiel, tu sais tout ce qu'il y a à savoir, tu peux maintenant quitter ce livre.

#not

CHAPITRE 22

Notre Why et se surcréer

Tu as sûrement entendu parler de la recherche de notre mission de vie, le grand pourquoi. Il y a cette célèbre citation de Mark Twain qui dit : » Les deux jours les plus importants de ta vie sont le jour où tu es né et celui où tu as trouvé pourquoi. » En d'autres mots, trouve ce pourquoi tu es née, cette fameuse raison qui te pousse à te lever chaque matin, qui fait en sorte que tu agis pour quelque chose de plus grand que toi.

Il y a différentes raisons qui peuvent motiver les gens à atteindre leurs objectifs. Certains se mettent à bouger lorsqu'ils sont au pied du mur, qu'ils savent pourquoi ils font les choses, qu'ils ont cette rage intérieure (*no matter what) ou* qu'ils ont soif de réussir. Si tu ne sais pas pourquoi tu fais les choses, pourquoi tu es ici, maintenant, il est clair que ta source de motivation va rapidement s'estomper. Tu connais ce moment qu'on appelle *Eureka*? On dit qu'il se pointe lorsque nous sommes sous la douche ou encore les deux mains trempées dans l'eau en train de laver la vaisselle du souper. Lorsque notre activité cérébrale est au ralentie, cela permet un *momentum*. Des informations qui, de prime abord, n'ont aucun lien entre elles et que nous avons enregistrées s'associent. C'est ce qui crée une nouvelle idée, qui nous insuffle une motivation et une excitation incroyable. Si le pourquoi n'est pas au rendez-vous, l'idée tombera dans les oubliettes en peu de temps.

Avec les années, j'ai observé que je suis née avec cette rage intérieure. Cette sensation d'être ici sur cette planète pour réaliser de grandes choses. Lorsque je me donne un objectif, rien ni personne ne peut m'empêcher de l'atteindre. Plusieurs personnes depuis que je me suis lancé en affaires m'ont demandé à quel moment j'allais arrêter d'essayer. Quand est-ce que j'allais prendre la décision que là, j'avais assez essayé et que si mes objectifs n'étaient pas atteints, je devais faire autre chose. Sais-tu quoi? Quand les gens me posent cette question, ça résonne comme un total non-sens dans ma tête. Je n'ai jamais pensé à ça, à abandonner, à arrêter, car pour moi, il est clair que je vais continuer jusqu'à ce que mon objectif de PNLiser le monde soit atteint. Il n'y a pas de date de péremption sur ma mission. Encore dernièrement, je racontais mes projets et ce que je fais dans la vie à une personne que je venais de rencontrer et elle me dit : « Oui, mais si ça ne fonctionne pas? » Encore une fois, mon cerveau s'est mis en retrait, un *blackout*, un *mindfuck*. Pour moi, je vais être tout ce qu'il faut et faire tout ce qu'il faut pour que ça le fasse! Toi maintenant, quels sont tes buts dans la vie? Quels sont tes rêves? As-tu un engagement envers toi-même qui fait en sorte que tu as *NO EXCUSE* pour ne pas réussir? Peu importe les peurs, peu importe les expériences que tu as déjà vécues dans le passé, *do you making through*?

Un jour, une personne est venue me voir et m'a dit que c'était normal pour elle de vivre plus de difficulté à tenir ses rituels, ses habitudes qui la mettent dans un état de *super power* comparativement à moi, car « ça fait des années que je travaille sur moi ». *I make the things happen. You can do the same fucking thing*. J'ai mes peurs. Je suis loin d'être parfaite. Mais quand je sens que la peur me gagne, que je ne suis vraiment pas certaine de ce que je fais, que j'ai la chienne, je fonce. *That's it*. Je vais là où la peur se trouve. Quand je sens que je suis sur le bord de laisser tomber parce que le niveau de difficulté m'intimide, parce que je n'ai plus aucun repère, que j'ai l'impression d'être dans le néant par rapport à tout ce que je fais et que je n'ai pas encore les résultats souhaités, que j'ai un doute en moi qui s'installe bien confortablement (comme moi je fais avec mon *lazy boy!)*, c'est à ce moment-là que je ferme les yeux, je respire deux secondes et je fonce. *I do whatever it takes*!

Lors d'une conférence d'Isabelle Fontaine en 2017, j'ai appris que le courage ça se développait, ça se stimulait. J'ai acheté cette croyance. Dans les tribus Massaï, lorsqu'ils viennent pour soutirer la proie à un lion, ils y vont munis d'une lance et de leur courage et attriqués seulement d'une petite jupe de paille. Leur attitude fait en sorte que le lion les laisse prendre un morceau du gibier et partir sans réagir. Dans notre société occidentale, le nombre de fois où l'on doit faire usage d'un tel courage n'arrive pas tous les jours on va se l'dire! Nous n'avons plus tant d'occasions d'activer la sécrétion des hormones qui font monter le courage en nous. Nous devons volontairement créer le *momentum* à l'intérieur de nous afin de crinquer notre courage au maximum, que ce soit par la musique ou encore par des rituels que tu mets en place chaque jour afin de faire sortir de toi le meilleur.

Ce n'est pas obligatoire d'avoir une mission qui va changer le monde, loin de là! J'ai déjà rencontré un homme qui, pour lui, sa mission de vie était d'offrir une vie plus douce que la sienne à ses enfants. N'est-ce pas tout aussi honorable? Lorsque nous sommes dans cette sensation de faire des choses plus grandes que soi, nous prenons conscience que nous ne le faisons plus que pour soi. Nous ne faisons jamais rien uniquement pour les autres. Ce père qui offre cette incroyable vie à ses enfants s'offre à lui-même une sorte de rédemption, une paix intérieure où il sait qu'il fait de son mieux pour que ses enfants ne manquent de rien et aient une belle vie dans tous les domaines où il a le pouvoir d'agir. Est-ce qu'en quelque sorte il le fait pour lui? Oui. Est-ce qu'il le fait également pour quelqu'un d'autre et par le fait même participe à quelque chose de grand? Oui. Il prend ses propres expériences et ses propres blessures et décide d'offrir quelque chose de différent à ses enfants. Eh bien ma chère, c'est ça prendre son courage et changer le monde. En ayant pris la décision consciemment de faire différent et surtout d'être un père avec ses propres valeurs, qui sont beaucoup plus alignées avec qui il est, il influence le cours de la vie de ses enfants, il influence les adultes qu'ils vont devenir et qui eux aussi auront à leur tour une influence sur le monde. Tout ce que l'on fait a une répercussion infinie que l'on ne pourra jamais retracer... On ne saura jamais quel genre d'influence différente ces enfants auraient eu s'il n'avait pas été le père bienveillant et aimant qu'il est. Tu ne peux pas savoir quelle vie sera changée parce que tu décides de t'écouter et d'enfin suivre ta mission. Les répercussions, comme je le disais, seront infinies. À partir du moment où tu t'accordes cette possibilité que pour le reste des jours à venir, il n'y a que ton intuition qui sera écoutée, peu importe que cela te mène à des idées loufoques et non encouragées par la majorité de ton entourage, si pour toi cela fait du sens, c'est que c'est la bonne chose à faire. C'est clair que ça semble insensé pour les autres. Ce n'est pas notre rationnel qui nous pousse vers notre mission. Souvent la source ne s'explique pas du tout! Tout ce qu'on est capable de dire, c'est qu'on le sent au plus profond de nos tripes! Ne laisse pas la peur t'empêcher de vivre ta vie où ta mission est tellement grande et intense que tu n'as jamais besoin d'être motivée par quelque chose extérieur à toi. Tu es déjà rendue jusqu'ici, alors comme on dit, redonne à César ce qui appartient à César, donne-toi le crédit pour tout ce que tu as fait et qui fait que tu es la personne extraordinaire que tu es et go!

Comme je disais plus tôt, ta mission n'a pas besoin d'inclure la conquête du monde. Que ta mission soit d'être un meilleur père que celui que tu as eu ou encore de décider qu'à partir d'aujourd'hui tu seras heureuse le plus souvent possible, tout ça est valable! Rappelle-toi le système. Si tu sens que tu fais quelque chose de bien, que cela te remplit d'un sentiment de réussite et d'accomplissement, comment penses-tu que tu es en train d'influencer tout ce qui se rattache à ton système? Si cette influence fait en sorte que tous les gens de ton système se sentent mieux, cela aura aussi une incidence directe sur leur système. Le vois-tu à quel point tout peut rapidement avoir un effet domino? Alors ne sous-estime pas l'influence que tu peux avoir sur ta propre vie, sur la vie des autres et sur le monde. Ne te sous-estime pas, SURcrée-toi à la place!

Dans la vie, nous avons toujours le choix. Que tu penses que j'ai raison ou non, c'est ça pareil. Je comprends qu'en ce moment, tu vis peut-être un moment hyper difficile qui fait que tu n'as pas le goût de penser que si tu es prise dans ta situation actuelle, c'est à cause de tes choix. Il reste que la réalité que l'on vit en ce moment, c'est la succession de choix que nous avons faits par le passé. Et pour arriver à une réalité différente, nous devons faire des choix différents. Mais vraiment différents. Des choix qui probablement juste à y penser te donnent la nausée tellement ils te sortent de ta zone de confort. J'ajoute la notion de nausées, car la plupart du temps, on pense qu'on fait différent, mais c'est faux, comme je t'ai expliqué précédemment. On prend seulement une stratégie différente pour nous amener aux mêmes résultats qui nous maintiennent dans notre zone de confort inconfortable. Ce qui m'amène à te parler de se sur-créer.

Il existe différents types de personnes dans notre entourage. Jusqu'ici je ne t'apprends rien. Cela se remarque lorsque l'on travaille sur soi. Ce n'est pas tant qu'il existe des personnes à un niveau supérieur aux autres, c'est simplement que nous ne processons pas tous de la même manière ni à la même vitesse. Certaines personnes vont avoir besoin d'une seule rencontre en coaching afin de comprendre la dynamique qui se passe à l'intérieur d'elles-mêmes. Tandis que, comme tu dois t'en douter, d'autres nécessitent plusieurs rencontres, thérapies, prises de conscience, etc. OK, il y a aussi ces personnes qui n'ont jamais besoin d'aide, qui n'ont jamais besoin d'aller consulter, parce que tout va déjà au maximum du mieux-être qu'elles pourraient espérer. Elles sont simplement dans un endroit où elles pensent qu'elles sont déjà OK et elles y croient vraiment. Elles ont peut-être raison! Nous avons tous un processus différent et l'important dans tout ça, c'est d'arriver à être bien au quotidien!

Je te parle de ça, car c'est bien beau que nous ayons tous des chemins différents et des tempos différents, mais toi, dans ton environnement, la majorité des gens se situe où? Es-tu entourée de gens qui te tirent vers le haut? Qui t'inspirent? Qui te motivent à te dépasser, à te surpasser? Se SURcréer, concept qui provient de *l'Access Consciousness*, consiste selon Stéphanie Turcotte, neuro-potentialiste et ma coach perso, à « toujours vouloir être mieux que qui on était hier, mais toujours en étant fier de qui nous sommes aujourd'hui, peu importe ce que l'on fait ou pas. Sans aucun jugement envers soi-même. Tu ne peux pas te tromper quand tu es en train de te SURcréer, car tout ce que tu fais c'est d'aller au-delà de ce que tu connais déjà, d'aller au-delà de ta réalité en ce moment. Ce qui te permet d'aller vers encore plus de possibilités et vers encore plus d'idées. Ce qui fait que peu importe dans quel domaine tu as envie de te SURcréer ou qui tu as envie de SURcréer, ça le fait toujours sainement. C'est de se dépasser sans avoir cette charge et cette lourdeur que l'on ressent habituellement lorsqu'on le fait. »

Lorsque tu as l'impression de stagner, tu peux tout simplement lever la tête et regarder ce qui se fait déjà dans ce que tu as envie de réussir et de demander comment tu pourrais te SURcréer à partir de tout ça. Par exemple, lors d'une de mes rencontres avec ma coach, que je raconte plus en détail dans le prochain chapitre, j'ai fait le choix de me SURcréer avec Tony Robbins. Ça l'air *weird* un peu dit comme ça et en plus si on a l'esprit juste un peu mal tourné, ça peut rapidement déraper. Tout ça pour dire qu'il est important d'avoir des gens inspirants, qu'ils soient dans notre entourage immédiat ou pas, afin de se faire tirer vers le haut. Imagine la puissance que tu mets en place, lorsque tu réalises et assumes ta mission et que tu décides de te SURcréer en plus pour la réaliser! *Oh my god* j'en ai des frissons! Les possibilités sont carrément infinies... comme toujours.

CHAPITRE 23

Installer le truc

Un des supers dons que l'on développe lorsque l'on commence à travailler sur soi, c'est qu'on amène la fameuse visualisation à un autre niveau. Un niveau où nous sommes capables d'installer le truc. Qu'est-ce qu'installer le truc? Installer le truc, c'est semer la graine dans l'univers ou même dans l'inconscient, la majorité du temps, d'une personne. Tout ça dans un but précis. Lorsque la personne sera prête, la graine va *popper*, créer un flash dans sa conscience et transformer instantanément sa pensée.

Savais-tu que notre cerveau ne fait pas la différence entre ce qu'il a vu par exemple dans un livre, sur une image et la réalité? Ainsi, de faire de la visualisation très détaillée, c'est-à-dire de voir ta réussite, de la goûter une fois qu'elle est là, que tu la vis (en images), de détailler ce que tu y vois, ce que tu y entends, met ton cerveau en action afin d'atteindre ton but. De plus, lorsque tu crées cette image de ton succès, il est super important de prendre conscience de toutes les croyances limitatives qui traversent tes pensées et qui pourraient éventuellement t'empêcher de réussir. La majorité des athlètes olympiques le font. La différence entre la visualisation et installer le truc, c'est que lorsque tu installes le truc, tu fais volontairement (pas tout le temps, mais ce n'est pas grave) des actions afin de te faire prendre conscience de ce qu'il y a à comprendre pour transformer ton *mindset*. Comme dire oui à une amie pour participer à une course et que quelques semaines plus tard tu réalises que tu n'auras pas le choix de te mettre en forme. Comme dire : « Ben oui je suis game d'écrire un livre sur la croissance personnelle » et réaliser en cours de route que tu te fais vivre une des plus belles aventures de toute ta vie. Saisis-tu toute la nuance? Tu prends une action en ne sachant évidemment pas tout ce qu'elle va entrainer et ce qui va en découler, mais tu fais quelque chose, tu installes le truc! Contrairement à la visualisation où clairement tu visualises.

Anecdote

Au printemps 2019, je suis allée donner une conférence au Mexique dans le cadre d'un voyage d'affaires organisé par le Réseau des Mères en

Affaires (RMA). Un groupe de 24 femmes d'affaires qui avaient choisi de sortir de leur zone de confort, de s'inspirer et de se faire brasser la cage par les différents sujets amenés par les conférencières invitées. Comme j'avais eu ce contrat plusieurs mois plus tôt, j'avais décidé d'inviter mon conjoint de l'époque à m'accompagner. Les conférences ne prenaient que trois heures par jour sur cinq jours, donc dans ma tête, il était tout à fait possible de mixer ce voyage/contrat avec du temps de qualité en couple. L'hiver s'installe, et même si ça allait quand même bien avec mon conjoint, lors de l'une de mes rencontres avec mon éditrice Julie, je lui lance : « Tu ne le sais pas encore, mais c'est toi qui vas m'accompagner en voyage dans le sud! ». Elle me regarde avec un regard ébahi et un p'tit rire nerveux de « *Oh my god*, es-tu malade, je n'ai pas pris de vacances depuis la naissance de mes filles », ce qui veut dire plus de cinq ans. Ça reste comme ça. Trois semaines plus tard, mon conjoint m'annonce que finalement, il ne pourra pas prendre congé de son travail pour le voyage. On est à cinq semaines du départ. J'en parle à la présidente du RMA afin de savoir si elle n'aurait pas d'autres personnes qui se cherchent un billet de dernière minute, je l'annonce dans le groupe Facebook du voyage et finalement, j'en parle à mon amie Julie. Elle me répond directement : « Laisse-moi confirmer avec mon chum que tout est OK. C'est moi qui viens avec toi dans le sud! » Sérieusement, je tombais des nues! Je me disais que c'était facile finalement! Et, comme de fait, le soir même elle me confirmait sa présence et c'est là que j'ai réalisé que j'avais « installé le truc ». Je connais Julie, je connais aussi sa réalité et je sais qu'elle va nécessairement avoir besoin de s'organiser afin d'être capable de partir comme ça à presque un mois d'avis. Quand je lui ai lancé cette fameuse idée sortie de nulle part, j'avais « installé le truc ».

Installer le truc, c'est un peu comme débuter le travail de l'univers. Je lui montre la direction où je veux aller et il me suit dans ma *game*.

Dans la dernière année, j'ai également installé le truc pour Tony Robbins. Si tu ne sais pas encore qui est Tony Robbins, c'est simplement le plus grand coach que le monde a porté jusqu'à présent. Il est formé en PNL, mais a développé sa propre philosophie de l'être humain et a inspiré et coaché plus de trois millions de personnes jusqu'à aujourd'hui. Un certain matin où j'avais une rencontre avec ma coach, je lui raconte ce que je vis en ce moment, c'est-à-dire le fait que je n'ai pas trouvé un mentor et que je n'arrive pas à trouver la formation nécessaire pour me tirer vers le haut, me sortir de ma zone et devenir une meilleure version de qui je suis. Elle me dit : « Qui admires-tu? Qui as-tu envie de sur-créer? de t'inspirer? » Et là, comment une claque en plein de face, je me rappelle que ça fait longtemps que je dis que je vais un jour devenir la Tony Robbins au féminin! Avec tout ce que je fais au quotidien, j'avais complètement oublié ça! On en parle le mardi matin, le mercredi je vois passer une publicité de la formation *Business Mastery* de Tony (formation dont j'avais oublié l'existence, que je souhaitais faire et dont j'avais parlé à mes étudiantes plusieurs mois auparavant). J'entre mes coordonnées pour recevoir plus d'informations, je reçois un appel d'une des adjointes de Tony quelques minutes plus tard. Je planifie un appel avec l'une de ses stratégistes le samedi suivant pour passer une entrevue afin de voir si je suis rendue à la bonne place avec mon entreprise pour ce genre de formation. Une semaine après avoir transmis mes informations, je donnais mon dépôt pour réserver ma place pour le *Business Mastery* de janvier à Palm Beach! Au départ, je voulais de l'information pour la formation du mois d'août. Je ne savais pas que je pouvais déjà m'inscrire à celle de janvier. Je n'avais aucune espèce d'idées de comment je la paierais. Je ne savais pas que je pouvais donner un plus petit dépôt que ce qui était annoncé pour réserver ma place. Tu te doutes bien qu'en m'engageant, il était hors de question que je perde mon dépôt, tu te rappelles #noexcuses. J'ai donc fait des choix différents, je me suis mise dans un *mindset* différent afin que cela fonctionne. Sans m'en rendre compte, en remplissant tout simplement la demande d'information, j'ai installé le truc. C'est vrai que j'avais plus de chances de m'inscrire en remplissant le formulaire. Mais pour être bien honnête avec toi, à chaque étape il y avait mon gremlin qui me disait : « Arrête de faire ça, tu perds ton temps, jamais tu ne pourras te permettre ce genre de formation. » Et d'un autre côté ça goûtait tellement léger que mon intuition n'avait d'autres choix que de foncer!

Plusieurs personnes pourraient penser que lorsque « j'installe le truc » chez mes clientes, c'est comme si je les manipulais. Puisque j'ai le recul nécessaire et que je vois ce qui se passe réellement dans le système de ma cliente, lorsque j'installe le truc, c'est que je vais faire un commentaire où la cliente va me répondre que je n'ai pas rapport. Et c'est parfait comme ça! Hein? Je fais exprès de dire les choses ou de pousser à l'extrême ce que la personne vit dans tous les sens afin d'élargir sa perception. Comme nous l'avons déjà vu, la personne veut changer, mais ne veut pas changer. Elle est attachée à sa zone de confort. En provoquant ma cliente avec des phrases, des métaphores et des idées auxquelles elle n'a jamais pensé et qui viennent l'ébranler dans ses croyances et ses valeurs, je m'assure de semer un petit quelque chose de différent. Même si la personne réagit négativement à première vue, il reste que son inconscient capte tout. Parfois, ce petit quelque chose prend une heure à créer du changement, parfois une semaine voire même plusieurs années. Il demeure que les clientes finissent par me dire qu'elles n'en reviennent pas à quel point ce que je leur disais qui les provoquait fait du sens pour elles maintenant.

Quand tu installes le truc, tu utilises tes connaissances, ton leadership et ta bienveillance afin d'aider l'autre personne. Ce n'est pas parce que tu l'installes que forcément la personne va le prendre, tu ne peux pas la forcer. Lorsque tu veux être un bon leader pour ta famille, pour tes enfants, pour tes collègues, pour tes employés, tu utilises tes forces et ce que tu sais et qu'eux ne savent pas afin de les aider. Est-ce que tu les manipules? Oui. Est-ce que c'est pour leur bien? Oui. En passant, quelqu'un qui ne demande pas d'aide, même si tu dépenses toute ton énergie à vouloir faire une différence pour lui, rien n'y fera. Il doit atteindre son niveau de levier du changement, ce que tu apprendras dans la conclusion. J'te tiens en état d'alerte jusqu'à la fin! C'est pourquoi, avant de vouloir aider qui que ce soit, il est primordial d'aller dans sa carte du monde, sans jugement et avec curiosité et intérêt. Ce sont les clés de l'amélioration de toutes tes relations *my friend*!

Il y a une différence entre aller dans la carte du monde d'une personne et voir sa carte du monde. Par exemple, une de tes amies vit une peine d'amour intense. Aller dans sa carte du monde c'est être capable de ressentir toute la peine qu'elle vit et de lui dire qu'évidemment ça ne doit pas être facile, même si au fin fond de toi-même, tu sais que ce n'était pas la bonne personne pour elle. Seulement, voir sa carte du monde c'est constater qu'elle vit de la peine, mais de ne pas comprendre pourquoi parce que c'est évident que ce n'était pas la bonne personne pour elle. Dans les deux cas, tu penses que ce n'était pas un bon fit et tu sais que dans un avenir rapproché elle va être mieux sans lui. Cependant, c'est uniquement dans la première façon de faire qu'elle pourra ressentir que tu es là pour elle, qu'elle ne se sentira pas stupide de réagir ainsi, même si elle aussi sait très bien rationnellement que c'est mieux ainsi. C'est seulement en étant réellement dans sa carte et sans jugement que tu pourras installer le truc dans son inconscient. En disant, par exemple : « Tu imagines à quel point tu seras bien dorénavant que tu n'as plus à t'adapter sans cesse pour lui! » Si tu n'es pas dans sa carte, je te garantis que tu n'es pas allée faire un tour dans sa réalité, qu'elle va résister à ton commentaire et probablement t'envoyer promener au minimum dans sa tête! Sinon, tu vas venir d'installer quelque chose qui va faire en sorte que très bientôt elle va prendre conscience à quel point elle n'était pas elle-même dans cette relation et pouvoir ressentir un soulagement. Vois-tu à quel point la différence est énorme? Tu as le pouvoir de créer cette influence positive dans toutes les sphères de ta vie. Si tu te connais bien, tu vas même devenir un leader de changement pour toi-même. Pour ça, tu vas devoir commencer par la libération de ton jugement suprême!

CHAPITRE 24

Le jugement suprême

Je ne sais pas si tu as déjà entendu parler du fait que tous les êtres humains jugent. Que tout le monde juge tout le monde. Cela serait une façon d'apprendre à se connaître et à se définir comme personne unique. Je me suis fait une opinion sur le sujet à force d'observer et je suis d'accord avec cette affirmation. Tout le monde a toujours une opinion sur tout et, de nos jours, cela semble être obligatoire de la partager. Ce que j'ai surtout remarqué, c'est qu'on se juge encore plus sévèrement qu'on juge les autres! *My god* qu'on n'est pas facile avec soi-même. Exigence suprême, aucune place à l'erreur. J'ai associé ça au fait que notre gremlin personnel se mettait à se multiplier. Tu sais comme dans le film quand il reçoit une goutte d'eau et que tout d'un coup il y en a cinq de plus. Ben oui, ça se multiplie à coup de cinq à la fois!

Le jugement qu'on a envers les autres et envers soi-même vient d'où au juste? De nos valeurs, de nos croyances et de nos stratégies. Par exemple, l'autre jour je suis allée souper avec mes étudiantes après une journée de formation. Le restaurant était dans une bâtisse qui ressemblait à un entrepôt. Jusque-là, pour moi tout était OK, mais certaines de mes étudiantes se questionnaient à savoir s'il pouvait vraiment y avoir un restaurant à cet endroit. La serveuse nous a installées à une table située en plein milieu de nulle part, près de la cuisine et des salles de bain. Sérieusement, je n'avais même pas remarqué que le resto était presque vide. Elle aurait pu nous installer n'importe où, mon focus n'était pas là-dessus. C'est quand une de mes étudiantes l'a mentionné que j'en ai pris conscience. Qu'est-ce qui fait qu'une personne met son attention sur une chose et pas une autre?

Selon les valeurs que tu as, tu vas accepter ou non cette situation de t'être fait placer à une table qui, selon toi, n'est pas convenable. Selon tes croyances, cela va aussi influencer ton point de vue. Si tu crois que dans un restaurant on doit être servis de telle ou de telle façon, tu as nécessairement des critères à respecter pour dire si c'est OK ou non.

J'ai aussi remarqué que les points de vue des autres font en sorte que nous nous jugeons. Si tu prends une décision pour tes enfants et qu'une amie te fait un commentaire comme quoi tu n'aurais peut-être pas dû faire ça, tu te remets en question et peut-être même au point de te dire que tu n'es pas une bonne mère, que tu n'offres pas ce qu'il y a de meilleur pour tes enfants, etc. Ce commentaire est celui du gremlin de l'amie en question. Ce que ton gremlin te dit, ce ne sont que des points de vue intéressants. Rien de plus. Si tu savais le nombre de points de vue intéressants que j'ai dû défaire face à moi-même. Ça en était épeurant! J'étais capable de reconnaître la personne incroyable que je suis, MAIS (le, mais qui défait tout) ce n'était jamais assez. Admettons que je me fixais un objectif de cinq clientes par semaine, une fois l'objectif atteint, j'étais contente et fière de moi cinq minutes et tout de suite après, j'étais rendue à l'étape de me dire : « Ouin, mais je serais capable d'avoir dix clientes par semaine. » Et qu'est-ce qui se passait après avoir atteint mon objectif de dix clientes? Je festoyais un bon trente secondes remplies de gratitude envers moi-même, je prenais conscience à quel point je suis extraordinaire d'être capable de réussir mes objectifs et puis BAM : « Si je suis capable de rencontrer dix clientes, je suis capable d'en rencontrer quinze. » C'est OK d'avoir des objectifs toujours de plus en plus ambitieux, je sais que je fonctionne comme ça. Je performe toujours mieux sous la pression avec des *deadlines* serrés.

Je m'égare un peu de mon sujet principal, mais j'ai envie de te partager mon truc ultime pour arriver à être aussi disciplinée et réussir à réaliser autant de choses dans une seule journée. Je m'organise pour me mettre dans mon *mindset* « sous pression avec des *deadlines* serrés », même si je suis en avance. C'est hot, non? Pendant que j'écris ces lignes, au lieu de me dire que j'ai encore x nombre de semaines, que ça ne serait pas si grave si je n'écrivais pas aujourd'hui, je me mets dans une énergie de performance. Ce qui fait que j'arrive à terminer mes projets avant mes *deadlines*. Je n'ai pas toujours été comme ça. Comme je suis motivée par le « dernière minute », j'en ai vécu des situations où je ne pensais pas y arriver et où je sacrais après moi-même de ne pas avoir pris de l'avance. Les dernières fois où ça m'est arrivé, je me suis promis de ne plus jamais me placer dans une telle situation de stress, que je méritais de terminer à l'avance et d'être fière de moi, d'avoir cette sensation à l'intérieur que tout allait être OK sans que j'aie besoin de me coucher passer minuit pour y arriver. Ben sais-tu quoi? C'est vrai qu'être prise au pied du mur c'est très motivant, tsé dans une situation où tu n'as plus le choix, mais terminer en avance et ressentir la fierté qui vient avec, c'est un million de fois plus enivrant!

Ce que j'ai aussi remarqué, c'est que pour la plupart de mes clientes qui exploitent leur génie, la stratégie d'être au pied du mur afin de les activer n'est pas rare. Le fait d'être prises dans une impasse et d'être celles qui proposent une solution de génie est hyper gratifiant! En plus, c'est connu que ce genre de conditions permet au cerveau de réfléchir différemment et de le pousser à créer de nouvelles connexions. Donc, elles y reçoivent beaucoup de reconnaissance en plus de sauver la situation, permettant ainsi d'amener leur entreprise à un tout autre niveau. Et disons les vraies choses, elles apprécient également être les sauveuses de la situation. En quoi est-ce utile d'attendre d'être prises au piège avant de mettre en branle des stratégies qui auraient pu être en place bien avant? En quoi est-ce utile alors qu'elles auraient pu prévenir des problématiques en plus de sauver du temps, de l'énergie et de l'argent? Évidemment, tout ne peut pas être prévu, l'expérience entre en ligne de compte. Si la situation est nouvelle, il est difficile de prévoir tout ce qui pourra faire défaut. Sinon, qu'elle est l'utilité? Peut-être celle de se sentir nourrie par cette forte sensation d'adrénaline et toute la reconnaissance qui vient avec.

Lorsqu'on apprend à se connaître, on arrive à enclencher le *minsdet* approprié afin d'avoir les résultats voulus. Ce qui signifie que si elles le veulent, ces clientes peuvent activer leur génie n'importe quand! Pourquoi je spécifie « si elles le veulent »? Si elles ne travaillent pas sur la raison qui fait en sorte qu'elles fonctionnent de cette façon, elles n'agiront pas différemment. Pour elles, les avantages à fonctionner ainsi sont encore trop grands versus la conscience qu'elles ont de la situation. Imaginez qu'elles trouvent des solutions de génie à toutes les problématiques inimaginables de leur quotidien. Ça créerait certainement leur réalité de rêve à la hauteur de qui elles sont! Plus obligées de se mettre en contexte de difficulté afin de performer. Ça serait le génie en mode pro-action!

Oui, être exigeantes envers soi-même, ça peut être OK. Ça peut être OK à condition que nous le fassions dans le but de nous dépasser ou encore avec le souci de vouloir devenir une meilleure version de nous-mêmes, mais sans nous juger. La ligne peut sembler mince entre penser que c'est OK que nous fassions n'importe quoi, car nous sommes toujours la meilleure version de nous-mêmes versus ne jamais apprécier qui nous sommes, car ce n'est pas la meilleure version de nous-mêmes. Penses-y deux secondes. La meilleure version de moi est en ce moment où je t'écris ces mots. Nous sommes des êtres humains donc des êtres évolutifs. Techniquement, je suis une meilleure version de moi qu'hier. J'ai appris des choses, fait des liens que je n'avais jamais faits encore, etc. Je dis techniquement parce que parfois, ça ne parait pas trop que l'humain évolue... Ben non, je blague! Ça dépend qui on observe! OK j'arrête de niaiser, c'est sérieux le chapitre du jugement suprême. Alors, si aujourd'hui je mens à une de mes amies, je suis la meilleure version de moi-même. J'ai fait le mieux que je pouvais avec qui j'étais et ce que je vivais en faisant ça. Et là, on peut se demander : « Qui a dit que mentir ce n'était pas OK? » Ce n'est qu'un point de vue intéressant. « Tu fais de la peine à ton amie... » C'est peut-être parce qu'elle avait ça à vivre. Non, sérieusement ça finit plus de finir lorsqu'on embarque dans ce genre cercle de discussion mentale avec soi-même ou avec une amie aussi fêlée que soi!

Je suis de ces personnes qui sont hyper exigeantes envers elles-mêmes. Je suis extrêmement exigeante envers moi-même, envers mon équipe et envers les gens de mon entourage. Ils le savent et ils ont la permission de me ramener à l'ordre aussi souvent que nécessaire. Plusieurs me disent que je ne suis pas si pire que ça. C'est peut-être vrai dans les faits (ou bien ils me mentent), mais je t'assure que dans l'énergie, je le suis! Tu aurais bien beau me dire que je suis bien trop dure avec moi-même, que ça ne sert à rien, etc., il faut que tu saches qu'il y a une raison derrière tout ça. Je le suis parce que je sais de quoi je suis constituée et de quoi je suis capable. Je connais mon potentiel, quoi! Même que, comme la majorité d'entre nous, je dois le diminuer. Dans le sens où je suis encore davantage capable d'être ça coche que je pense que je peux l'être! Alors comment ne pas être un minimum exigeante afin de ne pas gaspiller tout ce potentiel? J'ai vite compris au début de ma carrière de coach que même si je voyais un potentiel immense chez mes clientes, les seules personnes aptes à l'exploiter à fond, étaient mes clientes elles-mêmes. J'avais beau le voir, leur en parler, leur faire miroiter, si elles ne sont pas rendues là dans leur processus ou même si elles n'ont pas envie de le voir parce que cela ne les intéresse pas, qu'elles ne souhaitent pas que les choses changent, qu'est-ce que je peux faire d'autre mis à part installer le truc?

Ce que j'ai dû apprendre avec le temps et crois-moi, c'est toujours un *work in progress,* c'est cesser de me juger si sévèrement quand je ne performe pas à la hauteur de ce que je suis capable. Et cela dans toutes les sphères de ma vie, pas seulement au niveau professionnel. Par exemple, je me juge quand je n'ai pas vu venir d'avance la réaction d'une personne face à un commentaire. Je me juge quand je n'ai pas formulé ce que je voulais communiquer à quelqu'un en fonction de sa carte du monde. Je me juge quand mon *mindset* n'est pas à son *best* comme il peut l'être. Je me juge de pleurer une peine d'amour d'une relation qui, selon mon rationnel, n'était pas OK pour moi. Je me juge d'être extrême tout le temps. Je me juge de ne pas toujours profiter à fond du moment présent en voulant déjà être rendue au moment suivant. Je me juge d'être la majorité du temps, rien qu'*une être humaine*. Est-ce que ça t'arrive d'avoir un *party* de gremlins de ce genre dans ta tête? Est-ce que ça t'arrive d'avoir donné la meilleure version de toi-même à un moment x, mais de ne pas avoir donné la performance de ta vie en tant qu'être humain?

D'un autre côté, c'est ça la beauté de l'être humain. Tous ces jugements, tous ces questionnements, qui font finalement qu'on se remet en question et qu'on voit les infinies possibilités à l'intérieur de nous. Parce qu'au fond c'est quoi se juger? C'est seulement un point de vue intéressant. C'est aussi qu'on sait qu'on est capables de mieux, sinon on ne se jugerait pas. L'objectif ici, c'est d'arrêter de se juger. Avoir un point de vue intéressant sur ce qu'on aurait dû faire ou ne pas faire, sur ce qu'on aurait dû être ou ne pas être c'est, on va se le dire, une *fucking* perte de temps et d'énergie! Crois-en mon expérience, j'en ai donné du temps et de l'énergie à faire ça! Pour m'apporter quoi finalement? En quoi est-ce utile de se juger? Dans mon cas, je te dirais que c'est encore une façon de ne pas être ici et maintenant à vivre le moment présent. Pendant que je passe mon temps à ressasser tout ce qui est arrivé, je perds mon temps. Est-ce que je peux apprendre des situations et décider de faire autrement? Oui! Comment je fais ça? J'engage une coach pour me dire, la majorité du temps :« o*** Marie as-tu fini de te juger? » C'est absurde dit comme ça, mais c'est ça pareil! Je suis une fille exigeante envers moi-même, je m'assume et je ne veux vraiment pas changer ce trait de ma personnalité. Je suis même en amour avec le fait que je suis aussi exigeante, performante et disciplinée.

Mais tu sais, ma zone de génie l'est pour les autres, mais l'est beaucoup moins pour moi-même. Un coach est toujours son pire ennemi pour se coacher. En sachant comment je suis et en l'assumant, j'ai mis en place une stratégie pour conserver une certaine santé mentale et ne pas passer la majeure partie de ma journée à me juger. À me juger quand je ne suis pas à la hauteur de ce que je juge que je devrais être. Et cette stratégie s'appelle Stéphanie Turcotte, ma coach personnelle, Kim Grimard, ma coach d'affaires, Julie Normandin, ma coach en écriture et Peter Warne, mon coach de l'équipe de Tony Robbins. Ben oui, j'ai l'air *freak* d'avoir autant de coachs! Mais comment penses-tu que j'arrive à autant performer et conquérir le monde? Certainement pas en restant tourmentée dans mon salon et à ne pas être dans l'action pendant tout ce temps! Ça, c'est MA stratégie. Celle qui fonctionne pour moi. Chacun ses traits de personnalité, chacun ses stratégies! Avec tout ce que l'on connait maintenant sur l'être humain et toutes les infinies possibilités, c'est impossible que tu ne trouves pas ce qu'il faut pour t'aider à te sortir de tes gremlins et de ton jugement suprême. Et ça mon amie, c'est tout simplement extraordinaire! (J'peux pas croire que je viens de commencer une phrase avec « ça mon amie », *my god* que j'suis quétaine!)

CHAPITRE 25

Petite fille intérieure

Est-ce que ça t'arrive parfois d'avoir des réactions irrationnelles? Tellement que même toi tu ne comprends pas pourquoi cette phrase en particulier que ton conjoint vient de lâcher te met dans tous tes états? Vivre de grandes peines sans savoir pourquoi? D'avoir le goût de faire une activité, comme aller en voyage en amoureux, et de revenir, insatisfaite, parce que ce n'était pas encore assez, tu en veux toujours plus?

Par exemple, ma cliente Karine et son nouveau conjoint Sébastien s'en vont passer une journée dans la famille de celle-ci. C'est la première fois que Sébastien rencontre sa nouvelle belle-famille. On s'entend que ce genre de rencontre crée souvent une mini dose de stress. On espère toujours que notre belle-famille va nous apprécier et nous aimer un minimum, tsé! Alors, il se présente chez la sœur de

Karine. Tout se passe bien, la belle-mère est sociable, le beau-frère est sympathique. Pour une première rencontre, tout semble couler parfaitement! Là tu sais bien qu'il y a anguille sous roche et que quelque chose va se passer, parce que sinon où serait l'intérêt de te raconter cette anecdote, *right*? À un moment donné, quand tout le monde était assis bien relaxe sur la terrasse avec un verre à la main, Karine dit quelque chose à Sébastien. En une fraction de seconde, Sébastien devient extrêmement sur la défensive, comme sorti de nulle part! Karine n'y comprend rien, elle ne faisait que continuer dans la même lignée de conversation qu'il y avait autour de la table. Sébastien n'est vraiment pas content, on le sent très bien et on peut même voir qu'il s'est senti attaqué par la remarque de Karine. La journée continue de se dérouler comme si de rien n'était, les deux savent qu'il est arrivé quelque chose, mais ils attendent de se retrouver seuls avant d'en parler. Quand ce moment se présente, Sébastien n'arrive pas à communiquer. La seule chose qu'il fait c'est de piquer Karine en retour avec des commentaires complètement gratuits et blessants. À première vue, on pourrait avoir le point de vue intéressant qu'il n'a pas été correct avec elle. En fait, plusieurs choses se sont passées pour lui dans cette fraction de seconde et là se cache toute la puissance de l'enfant intérieur. Évidemment, cette forte réaction démontre que Karine a touché un point sensible, malgré elle. Elle qui croyait faire une petite blague à la légère, on s'entend que ce n'est vraiment pas ce qui s'est passé! Ce qui s'est réellement passé, c'est que le petit garçon intérieur de Sébastien s'est senti comme autrefois, soit attaqué, intimidé et dénigré, comme ça se passait devant sa nouvelle belle-famille. Lui qui souhaitait plus que tout faire une bonne impression. Il a cru que sa blonde le rabaissait volontairement. Plus rien de rationnel ne se passait dans sa tête à ce moment-là. Tellement, qu'il avait oublié que sa blonde désirait aussi qu'il fasse bonne impression. Lors de leur discussion, il a eu une réaction d'enfant. Sa stratégie était de bousculer Karine afin d'être rejeté avant de se faire rejeter pour vrai. Pour avoir eu une telle réaction, Sébastien en a vécu des événements intenses dans sa vie. On constate également que son estime et sa confiance en lui ne sont pas encore de niveau « béton ».

Lorsque nous sommes dans l'adulte, nous ne nous sentons pas dénigrés ou rejetés. Nous sommes capables de faire la part des choses et de réaliser que l'autre a tout simplement une opinion différente de la nôtre et que ça n'enlève rien à la valeur de notre pensée.

Est-ce que ça t'arrive d'avoir peur dans ta vie d'adulte? De mettre des choses en place et de trouver que ce que tu vis est trop lourd sur tes épaules? Et si je te demandais comment va ta petite fille intérieure? Ta PFI pour les intimes, c'est la partie de toi qui reste de l'enfant que tu as été. Cet enfant extraordinaire, qui dès sa naissance, n'était sous l'influence d'aucune croyance et d'aucun environnement conditionné (ce qui est plus ou moins vrai si on considère que sa vie utérine a influencé son bagage, ce que je crois, mais on n'entrera pas dans ce sujet aujourd'hui). Qui tu es, comme je te l'ai déjà dit, est le fruit de 30 % de tes gènes et 70 % de l'environnement dans lequel tu as évolué, qui a activé tel ou tel gène. Donc, ta PFI, c'est grâce à elle que tu es là, c'est grâce à elle que tu as tout appris. Je t'avertis tout de suite, si c'est la première fois que tu entends parler de ta PFI et que tu n'as jamais travaillé à ce niveau, ça se peut que tu fasses des prises de conscience très intenses et émotives, comme tu as pu le voir dans le cas de Sébastien. Notre PFI a gardé les blessures et tout ce que nous avons vécu, entendu qui provient de notre enfance. Si tu n'en prends pas soin, si tu ne vas pas libérer ces blessures, cela fera en sorte qu'en plus de les traîner et d'influencer ce que tu crées dans ta réalité, ta PFI va se mettre à gérer ton système.

Ça ressemble à quoi une PFI qui gère un système? Ça ressemble exactement à ce que Sébastien vivait chez sa belle-famille. Il a peur de ne pas être accepté, il peut se sentir intimidé avec un seul commentaire. Il n'arrive pas à communiquer dans l'adulte. Il est en réaction et irrationnel. Cela ressemble également à une cliente qui vient me consulter parce qu'elle est à la tête de son entreprise, mais qu'elle n'arrive pas à répondre à ses courriels, car elle a toujours peur de recevoir un message haineux. Ça ressemble à une cliente qui a de la difficulté à prendre des décisions sans consulter ses parents et avoir l'avis de plusieurs personnes avant de se mettre en action. Ça ressemble à une cliente qui a peur du jugement, qui a peur de l'échec, qui est souvent envahie par ses émotions. Lorsque nous sommes dans l'adulte en nous, nous n'avons pas peur de l'échec, nous savons que si nous mettons en place ce qu'il faut, nous allons réussir. Nous n'avons pas peur d'être rejetées, nous sommes capables de faire la part des choses et de se dire que ce n'est pas si grave si notre belle-famille ne nous apprécie pas, admettons que c'est le cas, parce que nous sommes en relation avec notre conjoint et non avec tous ces gens. Nous ne donnons pas autant de pouvoir à tout ce que les autres peuvent penser de nous, car nous connaissons notre valeur sans la remettre en question à tout moment.

Voici ce que je te propose rendue à ce stade du livre : un exercice pour prendre soin de ton enfant intérieur. J'installe ici une petite mise en garde, parce que cet exercice peut être puissant, mais oh combien libérateur! Il se peut que tu pleures, il se peut que tu ne vois rien, comme c'est un exercice de visualisation.

Il se peut que tout arrive. Et vraiment, tout est OK. Il va se passer ce qu'il doit se passer, fais confiance au processus. Et si tu trouves ça difficile, demande à une personne de confiance de t'accompagner. Il est toujours plus facile d'aller en profondeur quand on n'a pas à lire les notes en même temps qu'on fait le processus.

Le scan de l'enfant intérieur

Voici un de mes trucs que je te donne afin de prendre soin de ta petite fille intérieure. C'est un exercice qui peut paraître très simple, mais qui va permettre de te libérer de plusieurs blessures. J'appelle ça le scan de l'enfant intérieur. Il se peut que tu aies déjà travaillé ta petite fille intérieure, mais il est important de revenir vérifier de temps en temps si tout est encore OK. Travailler sur soi implique des couches en pelure d'oignon. Si tu n'as pas travaillé tel truc il y a deux ans, fort probablement qu'on n'y aura pas accès de cette façon aujourd'hui. Même si ta PFI était super bien la dernière fois, on peut toujours venir valider. Et s'il se produit quelque chose de très libérateur, relire le livre avec ta PFI libérée ne serait vraiment pas un luxe!

Installe-toi confortablement et prends le temps de te déposer. Ensuite, ferme tes yeux et imagine ta petite fille dans la pièce avec toi. Est-ce qu'elle est à tes côtés? En avant, en arrière, au-dessus ou à l'intérieur de toi? Une fois que tu la vois, observe comment elle va. Est-ce qu'elle semble heureuse? Est-ce qu'elle semble enjouée? Est-ce qu'elle est triste? Est-ce qu'elle a peur? Peu importe où elle est et dans quel état elle est, ne te stresse pas, toutes les situations sont OK. Après avoir pris conscience de son emplacement et de son état, demande-lui qu'est-ce que ça lui prendrait pour se sentir mieux? Elle peut répondre toutes sortes de choses et toutes les réponses sont bonnes, telles que : me sentir en sécurité, avoir le droit de m'amuser, sentir que tu es bien, ne plus être mise de côté, etc. L'objectif de l'exercice, c'est de faire en sorte que ta PFI se sente bien et qu'elle soit placée à tes côtés.

Fais l'exercice avant de poursuivre ta lecture.

Lorsqu'elle se positionne en avant de toi, cela t'empêche d'avancer. Si elle est trop loin, elle n'est pas ton alliée et peut se sentir rejetée. Sache que lorsqu'elle est sur toi ou en toi, elle gère ton système. Cela veut dire que tu prends tes décisions professionnelles dans ta PFI, tu fais tes choix amoureux en fonction d'elle, tu gères ton budget avec elle, bref, elle influence tout ce que tu fais et la façon dont tu le fais. Peut-être que plusieurs choses que tu trouves difficiles à faire en ce moment le seraient moins si tu les faisais dans l'adulte en toi plutôt que dans ta PFI. Le but, c'est de lui demander ce que cela prendrait afin qu'elle accepte de sortir de toi et de venir se tenir à tes côtés. Ou encore ce que cela lui prendrait afin qu'elle n'ait plus jamais peur. Ensuite, tu écoutes sa réponse et tu lui réponds à ton tour en lui disant que maintenant que tu es là pour elle, plus jamais personne ne va lui manquer de respect, qu'elle est en sécurité et surtout qu'elle est extraordinaire comme elle est, sans rien faire (ou dire peu importe ce qu'elle fait), juste être ce qu'elle a toujours été.

Ouf! Juste de te l'écrire je viens les yeux remplis d'eau en pensant à ma PFI. Se sentir acceptées totalement, sans aucune peur, comme on est dans notre propre vie, et ce, peu importe l'âge, c'est s'honorer et se libérer à tout jamais de tout ce qui n'est pas nous. Souvent, nous avons peur d'assumer complètement qui nous sommes en pensant que les gens vont nous juger, ne pas nous aimer et nous rejeter. Donc, on s'adapte. En réalité, ce qui se passe, après l'avoir plusieurs fois testé dans les dernières années, c'est que comme par magie, tout ce qui me tapait sur les nerfs ou me faisait sentir mal dans ma vie disparaissait ou encore se transformait.

Je ne sais pas si tu sais, mais selon John Bradshaw, auteur et conférencier américain, les deux conditions qui favorisent l'épanouissement d'un enfant à un adulte heureux sont d'être aimé pour qui il est et de se sentir en sécurité. *That's it*! Ça l'air simple dit comme ça, mais si tu y penses comme il faut, combien d'entre nous se sentent aimées pour qui elles sont dans leur vie d'adulte? Est-ce qu'on s'assume suffisamment pour montrer au grand jour qui nous sommes vraiment afin que quelqu'un puisse nous aimer pour qui nous sommes? Comme tu le sais déjà, ce n'est pas que nos parents ne nous aimaient pas correctement, c'est seulement que l'éducation catholique que nous avons reçue ne laissait pas de place à la diversité et à l'émancipation de soi. On se devait de suivre les règles, sinon on était sévèrement punies. Nous étions loin d'accepter l'enfant dans tout ce qu'il était, il devait cadrer dans le moule. Quand je regarde cela, je suis fière de l'évolution à ce niveau chez l'être humain.

Des enfants intérieurs blessés, j'en croise chaque jour. Me croirais-tu si je te disais que je traîne des figurines Playmobil qui représentent des enfants intérieurs dans ma sacoche? Lorsque je croise un adulte qui porte un enfant intérieur blessé, je lui en donne une en lui disant qu'elle représente son enfant intérieur et qu'à partir de maintenant il a le devoir d'en prendre bien soin. Ouin, j'me demande comment ça se fait que j'ai des amies! Toute la rancœur que tu peux porter en toi, toute l'amertume que tu peux vivre face à ce que tu as vécu de plus difficile dans ta vie font juste démontrer que tu donnes beaucoup trop de pouvoir à ces événements, qui oui t'ont peut-être blessées, mais qui font maintenant partie du passé. Comme le dit si bien Richard Bandler, ce qui est bien avec le passé, c'est que c'est terminé. Alors ne donne pas de pouvoir à ce sur quoi tu en n'as pas. Garde ton énergie pour *dealer* avec tout ce que tu as envie de créer dans ta vie.

CHAPITRE 26

Des hommes ça coche

Je sais que depuis le début du livre, je suis plutôt dans un *mood girl power* que *man power*, pis c'est exactement ça que je voulais. Dans mes années à faire des consultations, j'ai aussi aidé des hommes à se transformer. Ils ne sont pas nombreux puisque j'ai une clientèle majoritairement féminine comme tu sais, mais j'en ai eus. Et je ne peux passer sous silence les hommes extraordinaires que j'ai eu la chance d'avoir dans mon bureau. Comme je te l'ai déjà dit, sur plusieurs points, nous, les femmes, sommes très différentes des hommes. Et c'est vraiment correct. Les deux sont extraordinairement des êtres humains. Mais un homme qui vient consulter une coach PNL spécialisée avec les super mamans et qui te dit : « Tu aides toutes ces femmes, tu peux certainement faire quelque chose pour moi! » Ayayaye que c'est cool! Le gars mettons qu'il est prêt! Pis y'arrive pas dans ton bureau à reculons en mettant la faute sur tout l'univers et en s'apitoyant sur son sort, oh que non! Il arrive fier de qui il est, malgré ce qu'il vient travailler, avec un regard qui te dit : « Garroche là ta garnote, j'suis rendu ici, j'me suis pas déplacé pour rien! »

La journée où j'ai compris que les gars en coaching étaient ça coche

Il y a quelques années, j'ai reçu un message d'une collègue qui me référait un de ses amis. Il s'était séparé de la mère de ses enfants depuis peu et il était dans une nouvelle relation, pas si heureux que ça. La raison de sa consultation était que depuis qu'il était séparé de la mère de ses deux filles adolescentes, il avait de la difficulté à communiquer avec elles. Il est venu me consulter trois fois. À chaque fois, pas froid aux yeux, on se dit les vraies affaires, il me confie ses inquiétudes sans peur du jugement. Il est *all-in* quoi! Déjà après notre premier coaching, la communication entre lui et ses filles s'était grandement améliorée. Quelques semaines après notre série de rencontres, j'ai reçu un message de sa part. Il me remerciait, me disait que sa vie n'avait jamais été aussi bien. Il était dans une toute nouvelle relation épanouissante. D'ailleurs, il est encore avec cette femme. Sa fille habite maintenant chez lui et elle est aussi venue me consulter à quelques occasions. Malgré les années qui passent, je reçois de temps en temps des messages de sa part comme quoi il sera toujours reconnaissant de m'avoir rencontrée et de ce que j'ai fait pour lui. Tsé, un gars qui était prêt à être responsable de son bonheur.

Ensuite, il y a Antoine. Le conjoint de ma cliente Caroline. Caroline venait me consulter en rencontre individuelle depuis quelque mois quand son conjoint s'est joint à elle. J'ai rencontré Antoine une première fois en couple et ensuite de façon individuelle. Antoine est un homme très rationnel, mais également très connecté sur ses émotions. Il s'est passé un an avant qu'ils reviennent me voir ensemble. Après cette rencontre, il avait tellement pris le taureau par les cornes que ma cliente est revenue en me disant qu'il avait changé au point que c'était trop pour elle. Elle n'avait pas eu le temps de s'adapter. Tsé quand je dis de faire attention à ce que vous demandez! D'être prête aux infinies possibilités! Elle, en amenant son conjoint en consultation, elle était persuadée que la séparation était la solution évidente à leur situation. Quand elle a vu son conjoint s'investir dans la démarche, faire des choix différents, devenir proactif face aux changements dans le système, elle n'était pas prête! Les gars, lorsqu'ils sont *all-in*, ça bouge un système sur un moyen temps!

Finalement, il y a le conjoint d'une autre cliente. Environ huit mois après leur rencontre, j'ai fait la connaissance de son conjoint dans un contexte hors coaching. Sophie avait une liste d'épicerie comprenant plusieurs petits trucs qu'elle trainait lorsqu'elle m'a rencontrée. Des choses pour lesquelles elle n'aurait pas consulté, mais qui une fois accumulées, et cela ajouté au fait d'avoir assisté à ma conférence, faisaient en sorte qu'elle s'est dit : « Pourquoi pas? » Juste te préciser au passage qu'il n'est pas rare que mes clientes arrivent en consultation avec ce que j'appelle une liste d'épicerie. Elle me déverse les éléments sans queue ni tête, mais j'arrive à voir l'élément commun à tout ce qui est y écrit. Souvent, on pense que ce n'est pas important ce que l'on vit. On fait comme si de rien n'était et on accumule. Jusqu'au jour où l'on se donne l'opportunité d'être complètement bien et pas juste être bien en se disant de lâcher prise sur plusieurs trucs...

On a alors débuté, Sophie et moi, une rencontre qui s'est transformée en VIP et qui s'est terminée en suivi personnalisé mensuel. Elle a vu des changements arriver tout en douceur, dans toutes les sphères de sa vie. La relation avec ses enfants s'est améliorée au-delà de ses espérances, la façon de gérer sa *business*, sa santé, tout y est passé! Vient un jour où j'ai rencontré son conjoint dans un contexte hors coaching. Il m'a remercié d'être entré dans sa vie. Il m'explique que lorsque je suis entrée dans la vie de sa femme, quelques mois auparavant, j'étais également entrée dans la sienne et que depuis ce moment bien précis, j'avais sauvé son couple et sa famille. J'étais subjuguée! Je savais que ça allait mieux pour eux depuis quelques temps, mais comment je pouvais me douter qu'il avait toute cette reconnaissance envers moi? Pour qu'il soit capable de me confier de telles pensées et émotions, il n'a pas le choix d'être le genre de gars qui n'a pas peur de se remettre en question, qui a assez confiance en lui pour avouer ses erreurs et vouloir devenir une meilleure personne pour lui et pour sa famille. Un vrai de vrai, tsé. En même temps, c'est faux de penser qu'il n'a pas le choix d'être ce genre de gars, il fait ce choix d'être ce genre de gars. Et c'est particulièrement ce qui me touche le plus.

Si tu te rappelles bien, nous ne sommes pas qu'un seul comportement. L'être humain est beaucoup plus que cela. Alors qu'est-ce que ma cliente, dans ce dernier exemple, faisait d'assez intelligent pour obtenir un comportement de son conjoint qui faisait que ça allait moins bien entre eux? Pas que c'est complètement sa responsabilité. Pas qu'elle doit se dire que c'est 100 % elle la cause de leurs difficultés puisque lorsqu'elle avait fait certaines prises de conscience, tout s'était mis à changer. Mais comme elle avait décidé plusieurs mois auparavant qu'elle voulait faire différent de ce qu'elle connaissait et de ce qu'elle vivait, comme elle était ouverte, elle était la personne la plus susceptible de faire bouger les choses. Pensez-vous que son chum pensait que ça pouvait s'améliorer au point qu'après 20 ans de mariage il regardait sa femme d'une façon qu'il ne l'avait jamais probablement regardée? Non.

Même ma cliente, lors d'une consultation, a réalisé qu'il n'y avait que deux options dans sa carte du monde. Rester en statu quo, c'est-à-dire ne pas changer les choses et faire comme si c'était ça l'amour, comme si c'était ça la vie de couple. Et la deuxième option : se séparer. Peut-on lui en vouloir? Comment peut-on penser qu'après 22 ans de relation, après avoir eu des enfants, vécu la maladie, la mortalité, les changements de carrière, etc. et après avoir pratiquement tout essayé, qu'il y aurait une autre option que de se satisfaire de ce que l'on a comme c'est là ou la séparation? Le statu quo n'était pas une option pour elle. C'est pourquoi elle a choisi la séparation. Comme tu le sais, il y a une troisième option qui s'est présentée à elle. Une option qu'elle n'était même pas capable d'imaginer, mais qui est un million de fois mieux que ce qu'elle osait espérer. Et ça s'est résumé à son chum qui m'a remerciée d'être entrée dans leurs vies. Des histoires comme ça j'en vis au quotidien. Nous sommes un infini de potentiels qui souvent demandent seulement d'être vus sous un angle différent.

CONCLUSION

Alors nous y voilà. On se retrouve à la fin de cette belle aventure. Comme tu me connais un peu mieux, tu dois bien te douter que je suis en train de brailler ma vie dans mon *lazy boy* à terminer ce livre... Plus de 70 000 mots plus tard, je ne réalise pas, mais pas du tout ce que je viens d'accomplir. Peut-être que pour toi ça ne pèse pas lourd dans la balance, mais pour moi, oui. Je viens d'écrire un livre! Un *fucking* livre qui se voit publié en plus! C'est donc envahie d'émotions et de sentiments *weird* de peur et de fierté, que je vais te brasser les perceptions encore un peu.

As-tu fait des #facedechevreuil en masse? Es-tu rendue #beurretempératurepièce si tu ne l'étais pas déjà? Pars-tu avec un sentiment de page blanche devant toi et que tout est à créer et que tu peux y mettre tout ce dont tu as envie? J'ai encore quelque chose de très important à te partager. Alexandre Nadeau, dans son livre *Miracles : Mode d'emploi*, nous dit que si pour nous, dans notre carte du monde, un miracle c'est de gagner à la loterie, de guérir du cancer ou de trouver l'homme de sa vie, c'est que l'on définit le miracle comme étant quelque chose qui peut arriver une fois dans une vie, mais que c'est loin d'être garanti. Alors qu'est-ce que tu penses que cela crée dans ta vie? Est-ce que tu crois que de penser ça te fera vivre plein de miracles au quotidien ou pas? L'idée ici ce n'est pas de redéfinir la signification du mot miracle et que cela devienne tous les petits trucs du quotidien que nous vivons. L'idée, c'est de transformer notre carte du monde en y ajoutant que des miracles ça peut arriver tous les jours et même plusieurs fois par jour! Tu imagines un peu le scénario? Plusieurs miracles par jour? Trop cool!

Qu'est-ce que tu en penses? Es-tu prête à vivre ce genre de vie où ça n'arrête plus de bien aller heure après heure, minute après minute tous les jours? Là, il y a une multitude de réponses que tu peux me donner. Puisque nous sommes parvenues à la conclusion, je parie sur deux options. Soit tu te dis, ce n'est pas ça la vie, ça serait trop beau pour être vrai #penséemagique ou encore tu te dis que ta vie n'est pas si pire et que tu es chanceuse (par exemple d'être en vie, d'être en santé, d'avoir un mari qui t'aime si c'est le cas, etc.). Ou tu te dis totalement autre chose! Je ne prédis pas les pensées de mes milliers de lectrices! Je sais que je suis *hot*, mais quand même! Sincèrement, peu importe ce que tu te dis, rappelle-toi ce qui est le plus important : ton sentiment de bien-être à l'intérieur de toi. Bien que tu aurais tout ce qu'on peut espérer dans la vie, si tu traines avec toi un *feeling* de lourdeur, ça signifie que tu pourrais te sentir mieux.

Ce livre n'est que le début, j'espère, de l'aventure dans l'apprentissage de toi-même. Je souhaite sincèrement que les prises de conscience que tu as faites te motivent et t'ont donné envie de creuser encore plus afin de te permettre de vivre une vie libre qui correspond totalement avec qui tu es. J'espère aussi que tu as su t'approprier quelques concepts et que tu as pu te départir de plusieurs de tes croyances qui te maintenaient dans cette zone de statu quo. Tout ce qu'il te reste à faire, c'est de t'assurer de te maintenir dans un état WOWPATAWOW par tous les moyens qui fonctionnent pour toi et faire des choix. Si tu prends soin de ton état au préalable, il est clair que cela aura une influence et tu ne feras pas les mêmes choix. Si tu es triste ou en colère, cela va influencer les choix que tu feras. Donc, tu travailles sur ton état en premier et tu fais les choix qui vont maintenir cet état de bien-être tant désiré.

Dernier petit conseil, aie confiance en toi comme jamais. Aie confiance que toutes tes actions qui seront faites avec un sentiment de légèreté ne te décevront jamais, c'est garanti. Fais un pacte avec toi-même, qu'à partir d'aujourd'hui, tu te mentiras le moins possible. Et si cela est difficile à maintenir, regarde en toi quel serait le levier qui te permettrait de passer de « je devrais » à « je dois ». Tony Robbins mentionne que tous les gens peuvent changer et qu'il suffit de trouver leur levier. Le levier qui va faire en sorte qu'une personne va arrêter de se dire : « Je devrais améliorer mon alimentation afin d'être en santé. » à « Je dois améliorer mon alimentation afin d'être en santé. » Qu'est-ce que cela fait comme différence de passer d'un mode à l'autre? Cela fait que lorsque l'on franchit l'étape du « je dois », il y a une conviction qui s'empare de nous, qui dit que c'est la décision à prendre versus aucune autre.

Ce « je dois » peut être motivé par plusieurs raisons, mais chaque humain a en lui ce levier qui permet de cesser de se dire qu'il n'y a pas de solutions et qu'il ne sera jamais capable de se mettre en action avec *NO EXCUSES*. Trouve ce levier. Que ce soit tes enfants qui te motivent, ta limite avec la souffrance, ta santé qui s'est détériorée, ta fatigue d'être toujours stressée financièrement, peu importe la raison qui te fait pousser ce levier, tu te lèves et tu te dis *NO MORE*. Pu jamais je vivrai de la pauvreté, que je meurs, que tout le monde meurt, c'est fini, pu jamais je ne vivrai cette sensation d'être emprisonnée dans ma propre vie. Ça l'air extrême avec mes trucs de « je meurs, tout le monde meurt », mais c'est exactement ça le feeling du levier. C'est quand tu arrives au bout du chemin de ce que tu es en train de vivre de désagréable pour toi, que tu arrives au bout du bout et tu te dis NO MORE. C'est fini! *I'm done* avec ça! Il faut que tu changes de *track* dans ton *mindset* et toutes tes actions vont s'aligner de façon complètement différente. Et dis-toi aussi une chose, si tu es encore dans une relation de marde, si tu vis encore du stress financier, si tu as encore pris du poids, c'est que tu n'es pas encore assez tannée pour atteindre ton levier et créer le changement dans ta vie. C'est *hard* un peu comme fin, non? #sorrybutnotsorry, car jusqu'à la dernière ligne ma mission aura été de te brasser juste assez afin de ramollir ces croyances qui sont les tiennes et qui forment ta zone de confort, pour t'offrir rien de moins que les infinies possibilités de la vie!

Deuxième conclusion

Tu vois bien que je me suis attachée à toi et que je ne veux plus te laisser partir. Je souhaite surtout que tu aies tout ce qu'il te faut afin de te libérer de tout ce que tu traînes, de te débarrasser de tout ce qui t'exaspère dans ta vie et surtout que tu réalises à quel point tu es une femme extraordinaire qui a tout pour atteindre tous tes buts! Peut-être que tu as lu mon livre en une journée, peut-être en quelques semaines ou en un an. Peu importe, ce que je veux que tu observes à ce stade-ci, ce sont les changements que certaines prises de conscience ont provoqués sans que tu t'en rendes compte. Ce que j'aimerais, c'est que tu refasses ta roue de la vie, de la même façon que tu l'as faite au chapitre un. Tu redessines, tu redivises, tu renommes et tu réévalues. En quoi est-ce différent? En quoi avoir vu tout ce que tu vis avec une perception différente a modifié ta vie?

TROISIÈME CONCLUSION

Ben non j'te niaise, c'est vraiment fini. Mis à part l'exercice final de la page suivante.

N'oublie jamais à quel point tu es extraordinaire, *hot* et surtout *fucking* ça coche!

Rejouons le jeu ensemble. Réponds aux questions suivantes :

Qui es-tu?

Si tu avais une baguette magique, que changerais-tu immédiatement?

Quels sont les défis qui t'empêchent d'obtenir ce que tu as nommé à la question précédente?

Remerciements

J'aimerais prendre le temps de me remercier moi, car je suis une *fucking girl boss badass* qui accomplit tout ce qu'elle veut, qui est une mère extraordinaire, qui défriche et montre la voie à des milliers de femmes et d'êtres humains à se choisir, à voir le potentiel en eux et à vivre une vie encore plus incroyable que leurs espérances! Et tout ça dit de façon très humble! :P

Ensuite, j'aimerais remercier mes filles, évidemment elles sont extraordinaires! Comme on dit, telle mère, telles filles! Elles sont mes meilleures professeures pour vivre le moment présent, prendre la vie avec un grain de sel, rire plus souvent et user de patience assurément!

Merci à ma belle Élizabeth, grâce à qui j'ai connu ce que voulait dire aimer un enfant inconditionnellement par choix. Je te trouve tout simplement incroyable et être ta belle-mère a été l'une des plus belles aventures de toute ma vie.

Merci également à mes parents qui, de un, font que je suis là. De deux, qui sont le point initial de qui je suis et donc de tout ce que je vis! Sans exactement tout ce chemin vécu, qui sait si j'en serais venue à écrire un livre et encore moins CE livre! Merci infiniment maman de m'avoir donné exactement tout ce qu'il me fallait pour que je puisse m'épanouir à ce point et devenir la personne extraordinaire que j'adore être aujourd'hui.

Merci à ma petite sœur adorée avec qui j'ai une complicité qui sort de l'ordinaire. Avec qui « Allô » en texto est suffisant pour se comprendre et savoir ce que l'autre vit. Jamais je n'oublierai la ligue de basketball maison, les *post-it* dans notre casier au cégep, nos partys à l'appart, nos soirées de films de filles, toutes nos St-Jean, les passages à l'année suivante, nos discussions de milliers d'heures, les soirées de filles où on a trippé notre vie, notre passion commune pour *Pitch Perfect*, nos chalets, nos voyages et j'en passe. Ta présence dans ma vie fait en sorte que depuis longtemps j'ai la chance de vivre ce genre de complicité unique. Ta présence dans la vie de mes filles fait en sorte qu'elles sauront toujours ce que c'est d'être autant aimées. Merci infiniment d'avoir choisi notre famille quand tu savais déjà que j'y étais.

Merci à mon p'tit frère dont je suis la fan numéro un! Une vraie groupie de tout ce qu'il est et de ce qu'il accomplit au quotidien, genre que je me vante du fait qu'il connaît vraiment ça les courses, les quatre roues pis la cabane à sucre. Mon frère est *hot*! Et je suis encore plus éblouie par le père incroyable qu'il est devenu.

Je prends le temps également de remercier mon éditrice et amie Julie Normandin, dont au premier contact, j'ai su qu'elle était porteuse de grandes choses et de magie et je m'y suis immédiatement collée. Merci de croire en moi et de me permettre de vivre cette aventure incroyable! Merci de voir en moi ce que je ne voyais pas encore lors de notre rencontre. *Fuck* Julie Normandin veut un coaching avec moi! *Fuck* Julie Normandin veut faire ma formation! Tu n'as pas idée à quel point ça a complètement tout changé pour moi et à quel point ta présence dans ma vie fait en sorte que je sais que le chaos de l'univers existe et je jubile à l'idée de jouer la *game* qu'il nous surprenne, car tu es là.

Et finalement, merci à toutes mes amies et mes coachs qui croient en moi plus que moi-même et bien évidemment toutes mes partenaires et clientes qui me font confiance chaque jour d'être la bonne personne pour elles pour transformer leur vie et me permettre d'accomplir ma mission de PNLiser le monde.

BIBLIOGRAPHIE

- BANDLER, Richard, FITZPATRICK, Owen et ROBERTI, Alessio. « L'essentiel de la PNL - Les clés d'une vie réussie », Les éditions de l'homme, 2014, 160p.

- BEAULIEU, Danie. « L'art de semer : le pouvoir d'agir consciemment et autrement » Les éditions Académie Impact, 2010, 24p.

- CUDICIO, Catherine. « Comprendre la PNL » Éditions d'Organisation, Paris, 1986, 157p.

- DAVID, Isabelle. « Être au cœur de la PNL » Les éditions Québec-Livres, 1999, 176 p.

- DE ST-PAUL Josiane et TENENBAUM Sylvie. « L'esprit de la magie, la Programmation Neuro-Linguistique » InterEditions, 2005.

- ECKER, T. Harv. « Les secrets d'un esprit millionnaire » Les Éditions du trésor caché, 2008.

- ESSER, Monique. « La PNL en perspective » Labor, 1994, 176 p.

- FONTAINE, Isabelle. « Le courage : comment l'activer? » Éditions Un monde différent, 2014.

- HEER, D. « Sois-toi et change le monde : Et si c'était le moment? » Éditions Le courrier du livre, 2016, 332 p.

- NADEAU, Alexandre. « Miracles, mode d'emploi » Éditions Le dauphin blanc, 2017.

- READY, Romilla et BURTON, Kate. « La PNL pour les nuls » FIRST, 2006, 336 p.

- ROBBINS, Tony. « L'éveil de votre puissance intérieure » Éditions J'ai Lu, 2013.

- ROBBINS, Tony. « Unshakeable » Éditions Simon and Schuster, 2018.

BONUS

Je t'ai préparé un petit quelque chose qui va te permettre de vivre l'expérience de mon livre de façon encore plus intense! C'est dur à croire! *I know*!

Rends-moi visite @
www.marisolmichaud.com/bonus-livre

Made in the USA
Monee, IL
06 December 2021

84069153R00175